urania

Schnelle **Stresskiller** fürs Büro

Inhalt

Inhalt

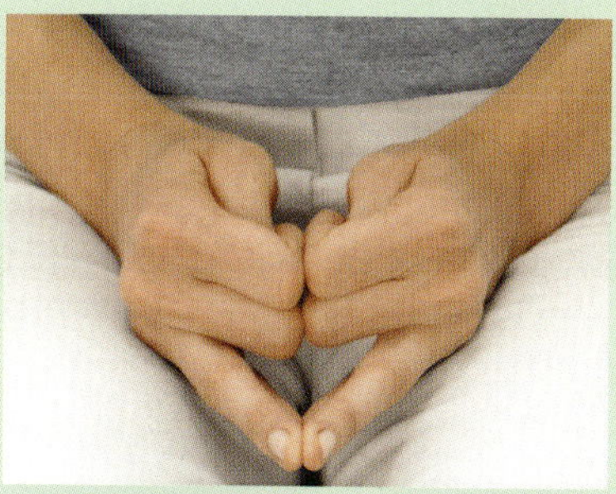

Strategien für den Umgang mit Stress

Unter Stress, Leistungsdruck und Überforderung leiden heute viele Arbeitnehmer. Ein einfaches Programm für den Büroalltag hilft Ihnen, mit dem Druck richtig umzugehen, ruhig zu bleiben und zusätzlich Ihre Gesundheit zu stärken.

Wird der Druck in Ihrem Job immer höher? Fühlen Sie sich oft überfordert? Fast jeder Berufstätige antwortet darauf mit Ja. Es ist nicht verwunderlich, denn neue Technologien und die Globalisierung haben den Büroalltag extrem verändert. Ein Ergebnis dieser rasanten Entwicklung: Immer weniger Mitarbeiter müssen immer komplexere Aufgaben erledigen. Das führt zu einem erhöhten Leistungsdruck – für einige eine tolle Herausforderung, für die meisten eine starke Belastung. Dazu kommen häufig die Sorge um den Arbeitsplatz sowie Mobbing. Die Folge: ein alarmierender Anstieg von Erkrankungen wie Magengeschwüre, Herzinfarkt, Bluthochdruck, Burnout-Syndrom.

Die Lösung: Erholungspausen für Körper, Geist & Seele

Um unter diesen Bedingungen dauerhaft gesund und leistungsfähig zu bleiben, braucht der Mensch einen körperlichen und seelischen Ausgleich. Was aber bedeutet das? Full speed durch die Straßen joggen, jeden Tag ins Fitness-Studio rennen? Oder das andere Extrem: sich regelmäßig in einem Wellness-Hotel verwöhnen lassen oder abends zu Hause die Füße hochlegen und an einer Duftkerze schnuppern? Je nach Veranlagung und Einkommen kann eine dieser Maßnahmen ab und zu genau das Richtige sein. Optimal ist jedoch ein regelmäßig in den (Büro-)Alltag integriertes Programm aus moderater Bewegung und aktiver Entspannung. In diesem Buch finden Sie einfache Maßnahmen, besser mit Stress umzugehen, ihn schneller abzubauen bzw. gerade unter Druck effizient, konzentriert und gelassen zu bleiben.

Katrin Saltzwedel

Locker und entspannt im Büro – das muss kein Traum bleiben. Mit ein paar kleinen Tricks können Sie dem Stress Paroli bieten.

Gesund & fit im Job

- *Moderner Lebensstil: Fluch oder Segen?*
- *Wege aus der Stressfalle*

Unser Körper funktioniert heute noch wie vor 200 000 Jahren: In Gefahrensituationen schüttet er Hormone aus, die uns kurzfristig zu Höchstleistungen treiben. Anschließend müssen Körper und Geist regenerieren, sonst machen sie schlapp. Aber glücklicherweise gibt es eine Reihe von einfachen Methoden, der Stressfalle zu entkommen.

Moderner Lebensstil: Fluch oder Segen?

Stress ist heute einer der wichtigsten Faktoren, die mit dafür verantwortlich sind, dass immer mehr Menschen an Herz-Kreislauf-Erkrankungen, Diabetes und Depressionen leiden. Höchste Zeit also, etwas dagegen zu unternehmen!

Der Erfindungsreichtum des menschlichen Geistes, das Leben zu vereinfachen, ist enorm: Es begann mit einfachen Werkzeugen in der Urzeit, die das Überleben sicherten. Daraus entstanden Techniken für Ackerbau und Viehzucht. So konnten sich größere Gemeinschaften bilden. Aus Ansiedlungen wurden Dörfer und Städte bis hin zu unseren modernen Metropolen in den Industrienationen mit ihren riesigen Bürogebäuden, die »am Himmel kratzen«. Zum optimalen Austausch von Informationen und Produkten entstanden Eisenbahnen, Autos, Flugzeuge und zuletzt immer rasantere Datenübertragungssysteme zur schnellen Kommunikation rund um den Globus. Das Ziel war und ist immer dasselbe: Das Leben soll leichter und die Arbeit effizienter werden.

Stress und zu wenig Bewegung machen krank

Die Kehrseite dieser Entwicklung: Die Schere zwischen Arm und Reich wird immer größer und Umweltgifte und der Raubbau an der Natur gefährden das ökologische Gleichgewicht unseres Planeten. In den wohlhabenden Ländern leiden immer mehr Menschen nicht unter Armut und Hunger, sondern unter so genannten Zivilisationskrankheiten wie Herzinfarkt, Diabetes mellitus (Zuckerkrankheit) und Depressionen.

Die häufigste Ursache: Stress im Job – verstärkt durch eine denaturierte Lebensweise ohne ausreichend Gelegenheiten, sich zu bewegen und zu entspannen. Um aber trotz massivem Druck gelassen zu bleiben, lohnt sich ein Blick auf unsere urzeitlichen Vorfahren.

Stress – ein Relikt aus der Steinzeit

Alle technischen Erfindungen und Innovationen können eine Tatsache nicht verleugnen: Unser Körper funktioniert immer noch wie bei unseren Vorfahren vor 200 000 Jahren. Bei Gefahr, zum Beispiel im Angesicht eines Feindes oder Raubtiers, brauchte der Steinzeitmensch eine Extraportion Energie mit Soforteffekt.

Daher schütteten die Nebennieren in seinem Körper blitzschnell die Stresshormone Adrenalin, Noradrenalin und Cortisol aus. Dieser Cocktail aktivierte das so genannte vegetative (unbewusste) Nervensystem und programmierte den gesamten Organismus automatisch auf Hochleistung, um anschließend eine von zwei möglichen Überlebensstrategien durchzuziehen: angreifen oder weglaufen.

Stress bewirkt auch beim heutigen Menschen noch, dass der Körper vermehrt Stresshormone ausschüttet. Allerdings müssen sie auf andere Weise wieder abgebaut werden – Flucht oder Kampf kommen dazu nicht mehr infrage.

Das urzeitliche Überlebensprogramm – ein starker Reflex

In beiden Fällen passierte im Körper dasselbe: Herzschlag und Atmung gingen schneller, der Blutdruck, der Blutzuckerspiegel und die Blutgerinnungsfähigkeit stiegen, das Schmerzempfinden sank, die Muskelspannung wuchs.

Gleichzeitig wurden alle Funktionen ausgeschaltet, die in dieser Situation das Überleben gefährdet hätten. Dazu gehören Verdauung, Abwehrkräfte und Fortpflanzungstrieb. Hatte der urzeitliche Vorfahre Kampf oder Flucht erfolgreich bestanden, ruhte er sich aus. Seine Körperfunktionen kehrten wieder in den Normalzustand zurück.

Die Steinzeitgene wirken heute noch

An unseren modernen Arbeitsplätzen gibt es zum Glück keine wilden Tiere mehr. Doch in stressigen Situationen startet noch immer ganz automatisch das uralte Programm im Körper: Fordernde Chefs, heikle Aufgaben und nervende Kollegen treiben den Adrenalinpegel in die Höhe. Obwohl manchmal ein heimlicher Wunsch, sind Flucht oder Kampf in unserem zivilisierten Büroalltag jedoch keine geeigneten

Mittel zur Problemlösung. Die Stresshormone müssen auf andere Weise abgebaut werden, sonst wird die körperliche Ausnahmesituation zum Dauerzustand.

Das Wissen um die Entstehungsmechanismen des Burnout-Syndroms erklärt die plötzlichen Herzinfarkte vieler Topmanager und beruflich ähnlich engagierter Menschen. Wer nur noch auf Hochtouren läuft, verliert den Kontakt zu sich selbst und ignoriert leicht Warnzeichen des Körpers wie Herzstiche, Abgeschlagenheit oder Nervosität.

Der Körper brennt aus

Steht der Körper wie beschrieben unter Dauerstress, entstehen ernsthafte gesundheitliche Schäden – das Burnout-Syndrom droht. Erste Anzeichen sind allgemeine Erschöpfung, Verspannungsschmerzen, Unkonzentriertheit, Nervosität, Haut- und Verdauungsprobleme, Lustlosigkeit und Schlafstörungen – Symptome, die man rechtzeitig erkennen und ernst nehmen sollte, sonst steigt das Risiko, an einem Herzin-

Das Burnout-Syndrom – ein Infarkt der Seele

▶ Das so genannte Burnout-Syndrom tritt heutzutage immer häufiger auf. Diese gesundheitliche Störung ist auch unter den Bezeichnungen »chronischer Erschöpfungszustand« oder »depressive Verstimmung« bekannt.

▶ »Burn out« heißt wörtlich übersetzt »ausbrennen« und bezeichnet das Gefühl innerer Leere, als hätten sich Körper und Seele komplett verausgabt, wären aber unfähig, neue Energie aufzunehmen.

▶ Dieses zunächst rein psychische Problem ist keinesfalls – wie oft angenommen – eine Modekrankheit überarbeiteter Manager. Es kann jeden treffen, der sich über mindestens sechs Monate permanent gestresst und überfordert fühlt.

▶ Anfällig für diese Krankheit sind außer Managern vor allem Berufssportler und andere sehr engagierte Menschen, die ein überhöhtes Anspruchsdenken haben, keine Erfolgsbestätigungen erhalten, unter schlechten Bedingungen arbeiten oder Mehrfachbelastungen bewältigen müssen.

farkt, einem Magengeschwür oder einer Hypertonie (Bluthochdruck) zu erkranken. Diese gravierenden Störungen zwingen den Körper dann automatisch zu einer langen, unfreiwilligen, oft existenzgefährdenden Schaffenspause.

Der Verlauf des Burnout-Syndroms

Wenn Sie den Verdacht haben, dass Sie »ausgebrannt« sind, sollten Sie sich nicht scheuen, ärztliche Hilfe in Anspruch zu nehmen. Ein Burnout-Syndrom kann gefährliche Auswirkungen haben.

▶ Das Burnout-Syndrom beginnt bei den Patienten oftmals mit einem sehr hohen Engagement für eine Sache oder ein Ideal. Man ist buchstäblich »Feuer und Flamme« für etwas.

▶ Werden die an die Aufgabe geknüpften – meistens überzogenen – Erwartungen enttäuscht, kommt dann bei den Betroffenen Frustration und ein Gefühl der Machtlosigkeit auf. Der Einsatz wird verstärkt, macht aber keinen Spaß mehr.

▶ Die eigenen Bedürfnisse nach gesundem Essen, ausreichend Schlaf, mehr Entspannung, genügend Bewegung sowie Hobbys und sozialen Kontakten kommen zu kurz.

▶ Die Folgen sind: Man wird infektanfällig, fühlt sich ausgelaugt, hoffnungslos und möchte am liebsten nur noch schlafen, findet aber nachts vor lauter Grübeleien keine Ruhe.

▶ Unter diesem Zustand leidet wiederum die Arbeitsqualität, der Betroffene kündigt innerlich.

▶ Im schlimmsten Fall führt das Ganze zu Nervosität, Gefühlsarmut, Aggressionen, Depressionen und sogar zu Verwahrlosung bis hin zu Selbstmordgedanken.

▶ Hinzu kommen oft körperliche Beschwerden wie Kreislaufstörungen, Rücken- oder Magenschmerzen.

▶ Spätestens in diesem späten Stadium des Burnout-Syndroms sollte sich der Betroffene so schnell wie möglich in ärztliche oder psychologische Behandlung begeben. Denn an diesem Punkt ist es nicht mehr möglich, sich aus eigener Kraft aus der krank machenden Stressfalle zu befreien.

Wege aus der Stressfalle

Die gute Nachricht: Sie haben es zum überwiegenden Teil selbst in der Hand, auch bei großen Herausforderungen stressresistent und gelassen zu bleiben bzw. zu werden. Eines ist dabei ganz entscheidend: die Achtsamkeit für die eigenen körperlichen und seelischen Bedürfnisse. Nehmen Sie sie unbedingt wichtig. Frauen haben damit meistens noch mehr Probleme als Männer. Denn immer noch leben viele Frauen bewusst oder unbewusst nach dem Ideal, es allen recht machen zu müssen, und wollen nicht als egoistisch gelten. Aber um gesund zu bleiben, bedarf es einer guten Portion Egoismus.

Auch wenn es sehr egoistisch klingt, aber Ihre Person – und Ihre Gesundheit – müssen für Sie unbedingt Priorität haben. Achten Sie gut auf sich und sagen Sie dem Stress den Kampf an!

Verwöhnen Sie sich selbst

Warten Sie nicht darauf, dass jemand anderes Ihnen etwas Gutes tut. Ergreifen Sie selbst die Initiative. Dann können Sie auch sicher sein, dass es das Passende ist. Überlegen Sie: Was würde Ihnen jetzt wirklich gut tun – ein aufmunternder Satz, ein Spaziergang, leichte Gymnastik, etwas Schlaf, eine kleine Massage, ein gutes Buch, frisches Obst oder etwas Schokolade? Erfüllen Sie sich diese kleinen Wünsche selbst und genießen Sie bewusst die schönen Seiten im Leben. Planen Sie sie, wenn nötig, fest in Ihren Terminkalender ein: zum Beispiel einen romantischen Abend zu zweit, mit den Kindern spielen, ein Treffen mit Freunden, ein Hobby in der Gruppe oder allein, ein Wellness-Wochenende zu Hause oder im Hotel.

Wichtig ist dabei eine klare Trennung zwischen Beruf und Freizeit. Gönnen Sie sich darum einmal im Jahr einen längeren Urlaub, am besten drei Wochen am Stück. Erst dann kann der Kopf den Schalter komplett von »Arbeit« auf »Erholung« umlegen. Dabei ist es ganz egal, ob es Sie in ferne Länder zieht oder nur an den nächsten Baggersee. Die Hauptsache ist, dass Sie einmal etwas anderes sehen und dem Alltagstrott entfliehen können.

Das Geheimnis asiatischer Gelassenheit

Die Menschen im Fernen Osten scheinen immer zu lächeln und wirken sehr entspannt. Vielleicht liegt das an der uralten östlichen Einstellung zur Gesundheit. Denn seit Jahrtausenden ist die vorrangige Aufgabe der dortigen traditionellen Heiler, Gesundheit zu erhalten, um Krankheiten gar nicht erst entstehen zu lassen.

Dabei betrachten die asiatischen Heilkünste das Zusammenspiel von Körper, Geist und Seele ganzheitlich. Grundlage ist die Vorstellung, dass im Körper Energie fließt. Kann sie ungehindert strömen, ist alles gut. Wird sie blockiert, entstehen Störungen und somit Krankheiten auf physischer oder psychischer Ebene. Alle östlichen Heilsysteme enthalten daher Übungen, Massagen und Ernährungsregeln, die den Energiefluss anregen bzw. wieder harmonisieren sollen.

Vorbeugung – ein wichtiges Thema

Inzwischen werden diese östlichen Techniken auch bei uns im Westen angewandt und unterstützen zum Teil die schulmedizinischen Methoden. Auch die Idee der Prävention, also der Vorbeugung, setzt sich immer mehr bei uns durch. Noch vor nicht allzu langer Zeit achteten viele Menschen wenig auf ihre Gesundheit (leider auch heute noch). Sie glaubten, der Arzt hätte schon die richtige Medizin oder das passende Gerät, um diesen Raubbau am eigenen Körper wieder auszugleichen. Diese Haltung führte zu einer enormen Kostensteigerung im Gesundheitswesen. Krankheit wird so immer mehr auch ein finanzielles Problem. Das Gute daran:

Tipp

Keine Zeit für Urlaub? Achtung, Falle! Machen Sie sich nicht zum Opfer scheinbar unabänderlicher Umstände. Lernen Sie, Nein zu sagen und zu delegieren. Nehmen Sie sich selbst genauso wichtig wie Ihre Aufgaben. Jeder braucht einen Ausgleich zur Arbeit – auch wenn sie überwiegend Spaß macht.

Aus dieser Entwicklung entsteht allmählich ein Umdenken in Bezug auf die Eigenverantwortung jedes Einzelnen für seine Gesundheit. Trendforscher behaupten, dass in den nächsten Jahrzehnten in den Industrienationen die Gesundheit als das höchste Gut angesehen werden wird, für das die Menschen am meisten Geld ausgeben.

Die in diesem Buch vorgestellten Tipps zur Selbsthilfe kosten Sie lediglich etwas Zeit. Bevor Sie sie ausprobieren, hier noch ein Überblick über die hier angesprochenen Heilmethoden.

Immer mehr Menschen in den westlichen Ländern entdecken die Vorzüge des Ayurveda. Auch Sie können – zumindest Teile – dieser Heillehre problemlos in Ihr tägliches Leben einbauen. Es wird Ihnen gut tun.

Ayurveda – »Wissenschaft vom Leben«

Dieses älteste uns heute bekannte medizinische System der Welt stammt aus Indien und soll seit 5000 Jahren existieren. Um seine Ursprünge ranken sich bloß Mythen, denn das Wissen war zunächst geheim. Es wurde lange nur von Heiligen bzw. Meistern an ausgewählte Schüler weitergegeben. Die ersten schriftlichen Dokumente entstanden ca. 1500 v. Chr. und sind Bestandteil der in Sanskrit abgefassten »Veden«. Das sind Teile der Heiligen Schriften Indiens. Nach der ayurvedischen Lehre wird die ganze Natur – und somit auch der Mensch – von der Lebensenergie »Prana« durchströmt.

Das Zusammenspiel von drei Energieformen bestimmt dabei die individuelle Konstitution eines jeden Menschen:

- Vata: entspricht der Kraft des Windes
- Pitta: entspricht der Kraft des Feuers
- Kapha: entspricht der Kraft der Erde

Die lebenswichtige Energieversorgung

Nach ayurvedischer Vorstellung fließen diese Energien in unsichtbaren Kanälen, den Nadis. Die drei wichtigsten (Shushumna, Pingala und Ida) schlängeln sich entlang der Wirbelsäule. An ihren Schnittpunkten bilden sie sieben Energiewirbel, die Chakras, an denen Inneres und Äußeres des Menschen in Verbindung treten sollen.

Am unteren Ende der Wirbelsäule liegt das Wurzel-Chakra, in Höhe der Sexualorgane das Sakral-Chakra und am Bauch das Nabel-Chakra. Darauf folgen Herz-, Kehlkopf- und Stirn-Chakra. Direkt auf dem Kopf befindet sich das Kronen-Chakra. Sind diese Wirbel blockiert oder nehmen sie zu viel Energie auf, die nicht zur eigenen Konstitution passt, entstehen körperliche oder mentale Dysbalancen.

Die sieben Hauptchakras und ihr Sitz entlang des Körpers

Ayurvedische Maßnahmen

Auf dieser Basis entstand im Lauf der Zeit ein komplexes medizinisches Wissen, zu dem Innere Medizin, Chirurgie, Kinderheilkunde und Psychiatrie gehören, genauso wie Gesundheitsvorsorge, Vitalisierung und Schönheitspflege als Mittel zur Selbsthilfe.

Die einzelnen Bestandteile des Ayurveda sind Yoga (Körper- und Atemübungen), Mudras (spezielle Fingerhaltungen), Meditationen, Mantras (Meditationswörter), Massagen mit Öl, auf die Konstitution abgestimmte Diäten und Anregungen, das eigene Verhalten zu ändern. Besonders effektiv, aber nicht jedermanns Geschmack: eine mehrwöchige Reinigungskur (Panchakarma) mit Schwitzen, Einläufen und Erbrechen. Sie sollte nur unter Aufsicht von Spezialisten durchgeführt werden (Ansprechpartner, Seite 78).

Sie finden hier fürs Büro alltagstaugliche ayurvedische Maßnahmen, die schnell Engergie zurückbringen, beruhigen oder die Konzentration fördern.

Die chinesische Medizin

In China ließen vor allem die Kaiser seit Jahrtausenden immer wieder nach dem Geheimnis ewigen Lebens, oder besser noch, ewiger Jugend und Schönheit suchen. Oberste Aufgabe eines Heilers im alten Kaiserreich war, die Gesundheit seines »Patienten« zu erhalten. Dafür bekam er sein Honorar. Gelang das nicht, gab es auch kein Geld.

Wie in Indien entstand dabei ein ganzheitliches medizinisches System, das Körper, Geist und Seele gleichermaßen berücksichtigt. Auch die chinesischen Heiler glauben seit ca. 2500 Jahren an eine allgemeine Lebensenergie, die alles Lebendige durchströmt und beeinflusst: das so genannte Qi oder Chi (sprich: Tschi).

Alle großen Meridiane verlaufen in Längslinien paarig jeweils auf der linken und der rechten Körperseite entlang. Nur Lenker- und Konzeptionsgefäß führen über die Körpermitte und sind nur einmal vorhanden.

Die Funktionskreisläufe

Die Lebensenergie soll in unserem Körper in Leitbahnen, den Meridianen, fließen und die Organe und ihre jeweils dazugehörigen Funktionskreise versorgen.

Die 14 Hauptmeridiane

- Nierenmeridian
- Herzmeridian
- Milz-Pankreas-Meridian
- Lebermeridian
- Lungenmeridian
- Kreislauf-Sexualität-Meridian
- Konzeptionsgefäß
- Blasenmeridian
- Dünndarmmeridian
- Magenmeridian
- Gallenblasenmeridian
- Dickdarmmeridian
- Dreifacher Erwärmer
- Lenkergefäß

Dreifacher Erwärmer, Konzeptions- und Lenkergefäß sind Funktionskreisläufe mit verschiedenen Organbezügen, eine Art Energieverteiler.

Chinesische Heiler interessiert nicht die exakte Anatomie, sondern das Zusammenspiel einzelner Funktionen. Sind wir ausreichend mit Qi versorgt und kann es ungestört fließen, fördert dies Gesundheit, Glück und Wohlbefinden.

Yin und Yang in der chinesischen Medizin

▶ Ein weiterer Aspekt der TCM sind die gegensätzlichen Kräfte Yin und Yang. Sie wirken im gesamten Kosmos und ihr Verhältnis ändert sich ständig. Für die menschliche Gesundheit sollten sie möglichst im Gleichgewicht sein.

▶ Yin steht für Kälte, Dunkelheit, Ruhe, Passivität, Bewegung nach unten, Unterstützung, Feuchtigkeit.

▶ Yang steht für Wärme, Helligkeit, Trockenheit, Aktivität, Bewegung nach oben und Führerschaft.

▶ Ein einfaches Beispiel: Fieber (zu viel Yang) wird mit Kälte (Yin) behandelt.

▶ Als Ursachen für Krankheiten gelten äußere Einflüsse wie Wind, Feuchtigkeit, Hitze, Kälte, aber auch starke Emotionen wie Ärger, Kummer oder übermäßige Freude.

TCM – ein Erbstück des Mao Tse-tung

Auf Betreiben von Mao entstand aus der überlieferten chinesischen Heillehre das heute unter der Bezeichnung »traditionelle chinesische Medizin« (TCM) praktizierte System. Die uralten Heilmethoden wurden in dieser Zeit von Magie und Überflüssigem gereinigt. Ziel dieser Bestrebung war, mit einfachen Mitteln die medizinische Grundversorgung der Landbevölkerung zu sichern, nachdem Mao die Schulmediziner als überhebliche Intellektuelle diffamiert hatte. Die neuen Heiler hießen Barfußärzte, weil sie so schlicht wie die Bauern leben sollten.

Inzwischen wird in China eine Kombination von chinesischer und westlicher Medizin angestrebt, die auch bei uns immer mehr Anhänger findet. Ein TCM-Fachmann diagnostiziert anhand von Zungen- und Pulsuntersuchung den Zustand seines Patienten und stellt dann eine Therapie zusammen.

Inzwischen gibt es auch bei uns eine recht große Anzahl von Ärzten, die eine Zusatzausbildung in traditioneller chinesischer Medizin absolviert haben. Sie finden einen solchen Arzt sicher auch in Ihrer Nähe.

Typische TCM-Elemente sind Akupunktur (feine Nadelstiche in bestimmte Reflexpunkte), Moxibustion (das Abbrennen verschiedener Heilkräuter während der Akupunktur), Tuina-Massage (manuelles Drücken und Schieben entlang der Meridiane), Qi Gong (langsame, heilende Bewegungen), Verabreichung bestimmter Heilpflanzen, Mineralien oder Tierprodukte sowie die Zusammenstellung einer Diät nach dem System der fünf Elemente Holz, Feuer, Erde, Metall und Wasser (Ansprechpartner siehe Seite 78).

In den folgenden Kapiteln finden Sie einige wertvolle Tipps zur Lockerung oder Vitalisierung nach der TCM, die sich gut in jeden Büroalltag integrieren lassen.

Anhand von kinesiologischen Muskeltests kann ein erfahrener Therapeut eine Vielzahl von Störungen im Körper lokalisieren und anschließend entsprechend behandeln.

Kinesiologie – »Wissen von der Bewegung«

Diese alternative, ganzheitliche Heilmethode basiert auf dem chinesischen Verständnis von Energieströmen und -kreisläufen im Körper. »Kinesis« bedeutet dabei Bewegung und »logie« Wissen. Entwickelt wurde die Methode Anfang der 1960er Jahre von dem US-amerikanische Chiropraktiker Dr. George Goodheart. Er entdeckte, dass die Meridiane und die darauf befindlichen Akupunkturpunkte in Zusammenhang mit der Funktionsweise einzelner Muskeln stehen. Ein schwacher Muskel lässt sich durch gezielte Manipulation bestimmter Punkte stärken, was sich wiederum positiv auf das mit diesem Muskel in Verbindung stehende Organ auswirkt. Goodheart setzte Muskeltests als Diagnose-Instrument ein und kombinierte sie mit bekannten Behandlungsmethoden wie Chiropraktik, Homöopathie, Ernährungslehre, Schulmedizin und Psychologie.

Heute nutzen unterschiedlichste Ärzte und Therapeuten die Kinesiologie als ergänzendes Diagnose- und Behandlungsinstrument. Zum Beispiel testen Zahnärzte damit die optimale Dosierung für eine lokale Betäubungsspritze. Homöopathen können damit das beste Naturheilmittel für den jeweiligen Patienten herausfinden.

Hilfe zur Selbsthilfe

In der Kinesiologie gilt Stress als Hauptursache bei der Entstehung von Krankheiten. Deshalb wurden zahlreiche Maßnahmen entwickelt, Stress in den Bereichen Bewegungsapparat, Stoffwechsel und Psyche abzubauen – und das durch einfache Übungen oder Griffe, die jeder bei sich selbst durchführen kann. Das stärkt die Selbstheilungskräfte und verbessert den Energiefluss. Einige praktische Beispiele fürs Büro bietet Ihnen dieses Buch (Ansprechpartner siehe Seite 78).

Um Stress abzubauen, ist moderater Ausdauersport das beste Mittel. Kleine Bewegungseinheiten im Büro wirken dabei unterstützend, können ein regelmäßiges Training aber nicht völlig ersetzen.

Ihr individuelles Programm

In den folgenden Kapiteln finden Sie Hilfsmittel, um in stressigen Situationen ruhig zu bleiben. Sie anzuwenden ist ganz einfach, macht Spaß und steigert deutlich die Lebensqualität in Beruf und Freizeit. Der einzige Haken: Lesen allein genügt nicht, Sie müssen die Tipps auch ausführen. Und je mehr Stress Sie haben, desto wichtiger sind kleine Erholungspausen.

▶ Optimal wären jede Stunde 5 Minuten. Bei akutem Zeitmangel sollten Sie zumindest 3 aktive Pausen einlegen: die 1. am Vormittag zwischen 10 und 11 Uhr, die 2. und längste über Mittag und die 3. am Nachmittag.

▶ Lockern Sie immer zunächst die Muskeln mit 2 bis 3 Bewegungen aus dem folgenden Kapitel ab Seite 24. Machen Sie anschließend eine Atem-, Klopf- oder Yoga-Übung, je nachdem, ob Sie verbrauchte Energie loswerden wollen (siehe Seite 38 ff.), frische Power brauchen (siehe Seite 52 ff.) oder die Konzentration stärken müssen (siehe Seite 57 ff.).

▶ Stellen Sie Ihre Lieblingsübungen zusammen und führen Sie sie als tägliches Ritual zur Regeneration aus.

▶ Ab Seite 64 finden Sie wertvolle Tipps zur gesunden Ernährung und den besten Getränken im Büro.

▶ Und nun viel Spaß beim Ausprobieren!

Tipp

Führen Sie Ihre Übungen achtsam und intensiv aus, auf keinen Fall nur nebenbei. Konzentrieren Sie sich währenddessen ganz auf sich selbst und Ihren Körper. Am besten die Augen schließen und an nichts Bestimmtes denken. Lassen Sie aufkommende Gedanken wie Wolken ziehen.

Locker & **entspannt** im Büro

► *Leichte Bewegung – top gegen Stress*

Das einfachste und effektivste Mittel gegen Muskelverspannungen, Rückenschmerzen, schlechte Laune, Schlafstörungen und ansteigendes Körpergewicht ist Bewegung. Die Zauberformel lautet dabei: mäßig, aber regelmäßig. Das gilt auch für die Übungen, die Sie im Büro zwischendurch ausführen können.

Leichte **Bewegung** – **top** gegen Stress

Seien Sie ehrlich: Bewegen Sie sich ausreichend? Oder gehören Sie eher zu den Menschen, die die meiste Zeit des Tages regungslos verbringen? Trifft Letzteres zu, finden Sie hier einige einfache »An-Regungen«.

Aus der modernen Arbeitswelt noch mal zurück zu unseren steinzeitlichen Vorfahren. Wenn sie nicht kämpften, flohen oder ruhten, liefen sie zur Nahrungssuche stundenlang im leichten Trab durch die Steppe – an die 50 Kilometer täglich. Ihr Organismus funktionierte bei diesem Lebensstil optimal.

Genetisch gesehen sind wir noch heute Steinzeitmenschen, wie weiter vorne schon erklärt wurde. Doch unser moderner Lebensstil mit Autos, Computern, Fernsehern und Fernbedienungen bietet kaum noch ausreichende, natürliche Bewegung. Sie ist aber enorm wichtig. Denn sie hält alle körperlichen Funktionen in Schwung und baut schnell überschüssige Stresshormone ab. Aber keine Angst, Sie sollen zum Hormonabbau keine sportlichen Höchstleistungen vollbringen. Sie führen bei Körper und Seele zu den gleichen negativen Folgen wie das andere Extrem. Viel besser sind moderate Ausdauersportarten und jede Menge Mini-Übungen am Arbeitsplatz.

Halten Sie sich artgerecht?

Artgerechte Haltung – bei Tieren wird sie von entsprechenden Vereinen eingefordert und überprüft. Aber wie sieht es bei uns Menschen aus? Seit ca. 200 Jahren macht uns die Technik das Leben immer leichter. Körperlich müssen wir uns kaum noch anstrengen. Unsere Tätigkeiten in Job und Freizeit verrichten wir überwiegend sitzend: morgens mit dem Auto ins Büro, dort überwiegend Schreibtischarbeit, mittags essen in Kantine oder Restaurant, dann wieder bis abends sitzen, mit dem Auto zurück nach Hause und zur Entspannung noch fern-

Auf die Körperhaltung achten

▶ Runder Rücken, hochgezogene Schultern, nach vorne gerecktes Kinn, zusammengekniffene Augen, schmale Lippen. Wer überwiegend in dieser Haltung arbeitet, bekommt früher oder später Nacken-, Kopf- oder Rückenschmerzen. Daran ändert auch kein noch so perfekt geformter Bürostuhl etwas. Darum sollten Sie immer wieder auf eine aufrechte, entspannte Sitzposition achten.

▶ Variieren Sie öfter die Haltung: also einmal übertrieben aufrecht sitzen, dann den Rücken bewusst einrunden und so oft es geht Dinge im Stehen erledigen, beispielsweise längere Telefonate. Das verleiht gleichzeitig der Stimme mehr Präsenz.

sehen, im Internet surfen oder Freunde treffen. Was machen wir also fast den ganzen Tag? Genau: sitzen. Dazu ist unser Organismus aber nicht konzipiert. Die Lösung: Bringen Sie bewusst Bewegung in Ihren Alltag. Die folgenden Übungen, ab Seite 24, lockern Verspannungen und bringen frische Energie.

Führen Sie die Übungen nicht erst aus, wenn es schon irgendwo schmerzt. Besser ist es, vorbeugend aktiv zu werden.

Und was sollen die Kollegen denken?

▶ Keine Angst, Sie müssen zum Entstressen nicht durchs Büro turnen oder sich auf dem Boden rollen. Alle Übungen können Sie im Sitzen oder im Stehen ausführen und brauchen nicht viel Platz. Einige sind sogar ganz unauffällig.

▶ Am besten lockern Sie Ihre Muskeln hinter verschlossener Tür. Wer kein Einzelzimmer hat, kann sich dazu auch auf das »stille Örtchen« zurückziehen.

▶ Wenn Sie die Übungen ganz selbstverständlich vor den Augen der Kollegen machen, regen Sie diese vielleicht sogar zum Mitmachen an. Das lockert nicht nur die Muskeln, sondern auch die Stimmung.

Übungen für Nacken & Schultern

Im Schultergürtel und Nacken sitzen besonders viele kleine Muskeln, die sich beim Stillhalten verkrampfen. Das erschwert die Durchblutung und somit den Abtransport von Schlacken. Die Folgen: Kopfschmerzen und schmerzhafte Knoten im Gewebe. Die folgenden Übungen helfen, sich zu entspannen.

Die Schultern heben

▶ Aufrecht hinsetzen, Hände locker auf die Oberschenkel legen.

▶ Nun einatmen und dabei die Schultern langsam so hoch wie möglich zu den Ohren ziehen. Kurz halten.

▶ Beim Ausatmen die Schultern genauso langsam Richtung Boden ziehen.

▶ 5-mal wiederholen.

Die Schultern rollen

▶ Im Sitzen oder Stehen beide Schultern gleichzeitig 10-mal nach hinten rollen, dann 10-mal nach vorn und wieder 10-mal nach hinten.

Etwas schwerere Variation

▶ Hände auf die Schultern legen, Ellenbogen zeigen zu den Seiten.

▶ Nun mit den Ellenbogen kleine Kreise malen, 10-mal nach hinten, 10-mal nach vorn, 10-mal nach hinten.

Das Nachhintenrollen öffnet den Brustkorb und richtet die Haltung auf. Das Nachvornrollen unterstützt eher einen runden Rücken. Daher häufiger rückwärts als vorwärts kreisen.

Tipp

Die Übungen immer bewusst und korrekt ausführen. Dazu aufrecht stehen oder sitzen. Also die Wirbelsäule strecken, das Kinn ganz leicht Richtung Hals und den Scheitel (Kronenpunkt) zur Decke ziehen. Die Schultern nach unten und etwas nach hinten bringen.

Die eckigen Kreise

▶ Aufrecht hinsetzen oder hinstellen. Schultern Richtung Ohren heben. In dieser Haltung Schulterblätter

Der Harlekin

eng zusammenziehen, dabei streben die Ellenbogen hinter dem Rücken zueinander.

▶ Dann die zusammengezogenen Schulterblätter langsam entlang der Wirbelsäule nach unten bringen.

▶ 5-mal wiederholen.

Der Harlekin

▶ Beide Arme auf Schulterhöhe waagerecht zur Seite strecken. Rechten Unterarm im 90-Grad-Winkel nach oben anwinkeln, die Handfläche zeigt dabei nach vorn.

▶ Linken Unterarm im 90-Grad-Winkel nach unten hängen lassen, die Handfläche zeigt nach hinten.

▶ Nun die Arme im Schultergelenk so nach vorn drehen, dass der linke Unterarm nach oben und der rechte Unterarm nach unten geht. Die Oberarme bleiben dabei immer parallel zum Boden (Bild oben).

▶ 20-mal im Wechsel wiederholen.

Hören Sie bei den Nackenübungen ein Knirschen? Das sind meist Ablagerungen, die sich durch Bewegung lösen. Ist der Hals nicht mehr frei beweglich oder nur unter Schmerzen, sollten Sie einen Orthopäden aufsuchen.

Der Neinsager

▶ Aufrecht hinstellen. Kinn locker auf die Brust fallen lassen und mit den Augen auf einen Punkt zwischen den Füßen schauen.

Immer ganz langsam und vorsichtig dehnen. Nur so weit dehnen, bis ein angenehmes Ziehen zu spüren ist. Es darf nicht schmerzen.

▶ Nun wie beim Neinsagen den Kopf langsam je 10-mal nach rechts und nach links drehen, dabei die ganze Zeit den Punkt weiter fixieren.

Der Jasager

▶ Im Stehen oder Sitzen den Kopf so weit es geht zu einer Schulter drehen, einen Punkt in Augenhöhe anschauen.
▶ In dieser Haltung 10-mal nicken. Kopf wieder zur Mitte drehen.
▶ Zur anderen Seite wiederholen.

Die Perlenkette bewundern

Die Perlenkette bewundern

▶ Im Stehen oder Sitzen den Kopf so weit es geht zu einer Seite drehen, der Blick geht zur Schulter.
▶ Stellen Sie sich vor, Sie tragen eine Perlenkette und sehen sich jede einzelne Perle an. Dabei wandert der gesenkte Kopf im Halbkreis zur anderen Schulter. Von dort wieder genauso zurückwandern.
▶ Noch 2-mal wiederholen.

Den Nacken dehnen

▶ Aufrecht hinsetzen, Schultern nach hinten und unten ziehen, Hände liegen locker auf den Oberschenkeln.
▶ Kinn und Blick langsam auf die Brust senken. Bei jedem Ausatmen den Kopf noch weiter sinken lassen.
▶ Nach ca. 30 Sekunden wieder langsam aufrichten.

Die Schultern dehnen

▶ Aufrecht hinsetzen, Schultern nach unten und hinten ziehen, Arme hängen locker neben dem Körper.
▶ Rechtes Ohr zur rechten Schulter neigen, Dehnung auf der linken Seite vom Hals bis zur Schulter spüren.

▶ **1. Steigerung:** linken Arm weiter zum Boden ziehen.

▶ **2. Steigerung:** rechte Hand über den Kopf hinweg auf das linke Ohr legen und den Kopf sanft weiter zur rechten Schulter ziehen. Dehnung nach 30 Sekunden vorsichtig lösen.

▶ Zur anderen Seite wiederholen.

Die Schultern dehnen, 2. Steigerung

Übungen für den Rücken

Unsere Wirbelsäule ermöglicht den aufrechten Gang, ist also auf Bewegung eingestellt. Bei einem bequemen Leben im Sitzen verspannen und erschlaffen die Haltemuskeln am Rücken. Ein Bandscheibenschaden ist vorprogrammiert. Diese Übungen stärken den Rücken und halten ihn mobil.

Das Gitter öffnen

▶ Im Stehen oder Sitzen Arme in Schulterhöhe geschlossen nach vorn strecken, lockere Fäuste machen, Handrücken zeigen nach außen.

▶ Beim Ausatmen die Arme mit Kraft auseinander ziehen, als würden Sie Gitterstäbe verbiegen. Dabei die Schulterblätter zusammenbringen. Ausatmend die Arme locker in die Ausgangsposition führen.

▶ 5-mal wiederholen.

Der Kamelritt

▶ Im Sitzen die Hände locker auf die Oberschenkel legen. Beim Einatmen Brustkorb anheben, Rücken stark aufrichten, leichtes Hohlkreuz machen, Schultern nach unten und Kinn leicht an den Hals ziehen.

▶ Beim Ausatmen den Rücken ganz rund machen, Bauch nach innen und Kinn zur Brust ziehen.

▶ 10-mal im Wechsel wiederholen.

Der Taillen-Twist

▶ Im Sitzen Arme vor der Brust verschränken.

▶ Oberkörper und Blick langsam so weit wie möglich zu einer Seite drehen.

▶ Zur Mitte zurückkommen.

▶ Anschließend langsam zur anderen Seite wenden.

▶ 10-mal zu jeder Seite wiederholen.

▶ Wer möchte, kann vorsichtig schneller werden.

Den Stift aufheben

▶ Im Sitzen langsam den geraden Oberkörper über die linke Seite absenken, der linke Arm strebt zum Boden (Bild oben).

▶ Stellen Sie sich vor, Sie wollten einen Stift aufheben, der neben Ihnen am Boden liegt. Dabei die Dehnung im seitlichen Rumpf wahrnehmen.

▶ Langsam wieder aufrichten und zur anderen Seite ausführen.

▶ 5-mal zu jeder Seite wiederholen.

Den Rücken dehnen

▶ In etwa 1 Meter Entfernung vor einen Tisch oder einen Stuhl stellen. Die Hände in Schulterbreite auf die Tischplatte oder die Rückenlehne legen. Knie leicht beugen.

▶ Nun den Oberkörper im 90-Grad-Winkel nach vorn lehnen, Kopf in Verlängerung der Wirbelsäule halten, Blick nach unten richten und die Dehnung im gesamten Rücken etwa 30 Sekunden lang spüren (Bild links unten).

▶ Anschließend die Hände nacheinander auf den Knien aufstützen und den Rücken Wirbel für Wirbel von unten nach oben aufrollen.

Nutzen Sie die Übungen auch, um Ihre Achtsamkeit für den eigenen Körper zu schulen. Kleine Zipperlein sind nicht lästig, sondern erste Anzeichen, dass Sie mehr für Ihre Gesundheit tun sollten. Und bedenken Sie: Unter Stress sinken das Schmerzempfinden und die Abwehrkräfte.

Übungen für Füße & Beine

Der aufrechte Gang hat neben seinen vielen Vorteilen auch einen gravierenden Schwachpunkt: Der Mensch neigt als einziges Lebewesen auf der Erde zu Krampfadern. Sie sind jedoch kein bloßer Schönheitsfehler, sondern ein Zeichen für eine ernst zu nehmende Durchblutungsstörung. Verbrauchtes, venöses Blut muss aus den unteren Extremitäten gegen die Schwerkraft wieder zum Herzen hoch gepumpt werden. Das sind täglich ungefähr 7000 Liter. Geschieht das nicht reibungslos, steigt das Risiko, eine Venenentzündung oder eine Thrombose zu entwickeln.

Spätestens, wenn Ihre Beine abends müde, schwer und angeschwollen sind oder kribbeln, ist es Zeit, Ihren Venen mehr Beachtung zu schenken und durch gezielte Bewegung zu verwöhnen. Am besten ziehen Sie für die folgenden Übungen die Schuhe aus. Keinesfalls sollten Sie sie mit hohen Absätzen ausführen.

Beine hoch

▶ Auch wenn das im Büro nicht als sehr fein gilt: Legen Sie so oft wie möglich die Füße hoch – zur Not immer dann, wenn keiner hinschaut. Auf diese Art entlasten Sie Venen und Gelenke der unteren Extremitäten und das Blut kann besser zum Herzen zurückfließen.

▶ Außerdem sollten Sie die Beine im Sitzen nicht übereinander schlagen. Denn das drückt die Venen in den Kniekehlen und in den Oberschenkeln ab und erschwert ebenfalls den Rückfluss des Blutes.

Die Fußwippe

▶ Mit geradem Rücken vorn auf die Stuhlkante setzten, Füße so aufstellen, dass Ober- und Unterschenkel einen 90-Grad-Winkel bilden.

▶ Nun beide Füße abwechselnd 20- bis 50-mal auf die Ballen und dann auf die Fersen stellen.

▶ Noch effektiver ist die Übung im Stehen. Stellen Sie sich dabei zur Sicherheit hinter Ihren Bürostuhl und halten Sie sich mit beiden Händen an der Rückenlehne fest (Bild oben).

Variation

▶ Die Übung mit beiden Füßen gegengleich (ein Fuß auf dem Ballen, der andere auf der Ferse) ausführen.

Kreisen, strecken, beugen

▶ Mit geradem Rücken auf die vordere Stuhlkante setzen und ein Bein parallel zum Boden nach vorn ausstrecken.

▶ Nun mit dem Fuß des erhobenen Beines im Fußgelenk kreisen, erst 10-mal rechts herum, dann 10-mal links herum.

▶ Danach den Fuß 10-mal beugen und strecken, dann die Zehenspitzen des angehobenen Fußes je 10-mal nach oben ziehen und einkrallen (Bild unten).

▶ Alles mit dem anderen Bein wiederholen.

Die Beinpresse

▶ Mit geradem Rücken auf die vordere Stuhlkante setzen. Füße hüftbreit geöffnet aufstellen. Die Handflächen an die Innenseiten der Knie legen.

▶ Nun die Beine kräftig gegen den Widerstand der Hände zusammendrücken, ohne dass sich diese nach innen bewegen (Bild rechts).

▶ Anspannung 10 Sekunden lang halten, dann lösen und noch 2-mal wiederholen.

▶ Anschließend beide Hände jeweils an die Außenseiten der Knie legen. Nun die Beine kräftig gegen den Widerstand der Hände auseinander pressen, ohne dass die Knie dabei nach außen ausweichen.

▶ Anspannung 10 Sekunden lang halten, dann lösen und noch 2-mal wiederholen.

Die Beinpresse

Übungen für den ganzen Körper

Wer noch keine spezifischen körperlichen Probleme hat, kann mit den folgenden kleinen Allround-Übungen sehr viele Muskeln auf einmal lockern und so Beschwerden rechtzeitig vorbeugen.

Das Recken & Strecken

Machen Sie es wie die Katzen: Dehnen Sie sich öfter am Tag einfach in alle Richtungen.

▶ Aufrecht hinstellen, einatmen und die Arme zur Decke strecken.

▶ Beim Ausatmen die Arme aus den Schultern heraus im Wechsel noch weiter nach oben ziehen.

▶ Beim Einatmen Arme absenken.

▶ Nach vorn und zu den Seiten wiederholen. Dabei auch Oberkörper und Hüften einsetzen.

Das Schwingen

Diese Bewegung macht nicht nur locker, sondern soll auch nach Vorstellung der indischen Gesundheitslehre Ayurveda wertvolle Erdenergie in das so genannte Wurzel-Chakra leiten, den Sitz des Urvertrauens am Steißbein (siehe Seite 14 f.).

- Im Stehen 1 bis 3 Minuten lang leicht in den Knien auf und ab federn, die Arme dabei gegengleich vor- und zurückschwingen.

Der Drehsitz

Der Drehsitz

- Aufrecht auf einen Stuhl setzen (Lehne sollte nicht zu hoch sein) und linkes Bein über das rechte schlagen.
- Rechte Hand außen an das linke Knie legen. Linken Arm locker über die Rückenlehne hängen.
- Nun das linke Knie mit der Hand nach rechts ziehen, gleichzeitig Oberkörper und Kopf sowie den Blick so weit wie möglich zum linken Arm hin drehen.
- Position 30 Sekunden lang halten, dann vorsichtig auflösen.
- Zur anderen Seite wiederholen.

Übungen für die Hände

Tippen auf einer Tastatur ist Bewegung und somit eigentlich positiv. Doch wer ständig mit den Tasten klappert, leidet häufig unter Schmerzen, die bis in die Schultern hinauf ausstrahlen können, oder er bekommt auf Dauer eine Sehnenscheidenentzündung. Ähnliche Symptome entstehen durch permanente Mausklicks. Erleichterung können spezielle Minikissen zur Unterstützung der Handballen und ergonomisch geformte Mäuse bringen. Auf jeden Fall gilt: Lockern, dehnen, massieren – die folgenden Übungen verwöhnen fleißige Finger und schützen sie vor Überlastungsschäden.

Die Fingerwirbel

▶ Die Hände kräftig in alle Richtungen ausschütteln: erst von rechts nach links, dann auf und ab. Anschließend die Hände in den Handgelenken in beide Richtungen kreisen.

▶ 5-mal im Wechsel Hände zur Fäusten schließen und öffnen.

Das Klavierspielen

Wer fast den ganzen Tag lang nur die Computermaus betätigt, kann auch einmal auf einem virtuellen Piano spielen, also schnell alle Finger nacheinander bewegen.

▶ Dazu die Hände aufeinander zu, voneinander weg und parallel laufen lassen.

Finger und Hände dehnen

Dies ist ausgleichendes Stretching für Finger und Hände.

▶ Linken Arm nach vorn ausstrecken, Handgelenk anwinkeln, so dass die Fingerspitzen nach oben zeigen.

▶ Mit der rechten Hand die Finger der linken vorsichtig weiter zum Körper ziehen. Sie spüren die Dehnung im ganzen Unterarm. 30 Sekunden lang halten, dann vorsichtig lösen.

▶ Mit der anderen Hand wiederholen.

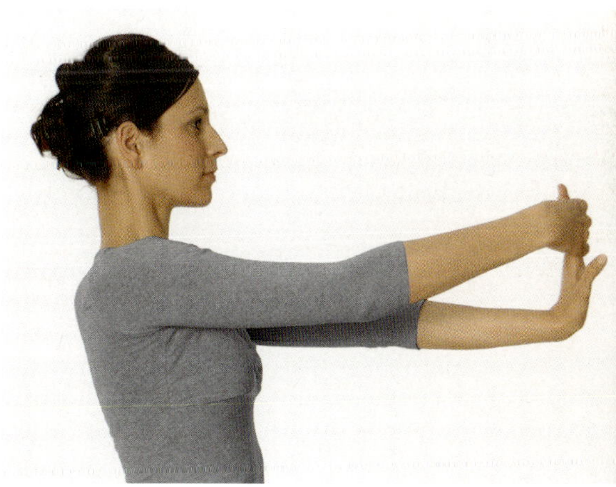

Finger und Hände dehnen

Übungen für das Gesicht

Nach einem anstrengenden Arbeitstag steht einem die Anstrengung oft förmlich ins Gesicht geschrieben. Das sieht dann so aus: auf der Stirn unschöne Querrillen, zwischen den Brauen eine tiefe Kerbe, Blinzelfältchen um die Augen, schwere Lider, hängende Mundwinkel und schmale Lippen. Wer häufig so ein Gesicht zieht, kann damit rechnen, dass sich diese Mimik irgendwann in Haut und Gewebe eingräbt. Da sind auch die besten Cremes machtlos. Gesichtsgymnastik glättet die Züge und lässt Sie im Nu um Jahre jünger aussehen.

Die Zähne zeigen

Was Sie sich vor Chef und Kollegen verkneifen, lockert im stillen Kämmerlein Hals, Kiefer und Gesichtsmuskeln.

▶ Mund ganz weit aufreißen und den Vokal A formen.

▶ 2-mal wiederholen.

Die Luft ablassen

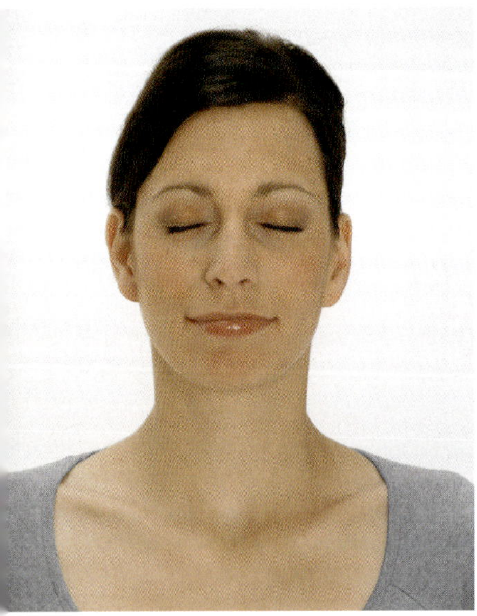

Den Kiefer verschieben

▶ Mund leicht öffnen, Augen weit aufmachen und jetzt den Kiefer 10-mal hin- und her-, dann 10-mal vor- und zurückschieben. Das mindert kleine Augenfältchen.

Die Luft ablassen

▶ Lippen locker aufeinander legen. Tief einatmen und durch die geschlossenen Lippen ausatmen. Das erzeugte Geräusch erinnert an ein schnaubendes Pferd. So werden verkniffene Lippen wieder sinnlich.

Die Lippen spitzen und breit ziehen

▶ Einen Kussmund formen, dabei die Wangen fest nach innen saugen.

▶ Nach 10 Sekunden die geschlossenen Lippen ganz breit ziehen. Das lockert Mund- und Wangenpartie (Bild rechts).

▶ Anschließend wieder locker lassen.

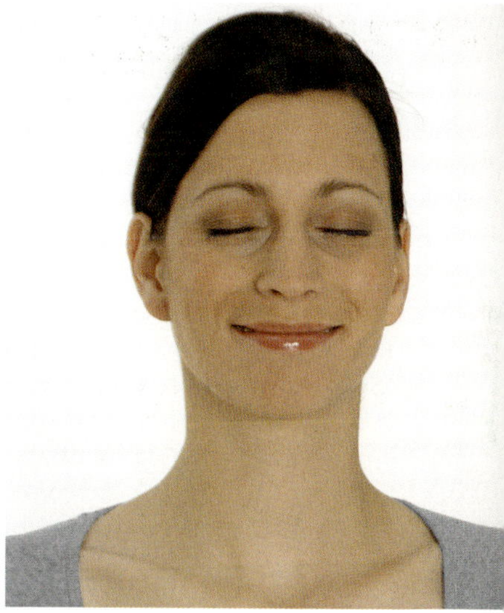

Die Lippen breit ziehen

Den Mund einziehen

▶ Ober- und Unterlippe fest über die Zähne nach innen ziehen.

▶ Spannung 10 Sekunden lang halten, dann den Mund wieder locker lassen. Diese Übung durchblutet die Lippen und strafft das Kinn sowie den Hals.

Übungen für die Augen

Wer den ganzen Tag überwiegend auf den Bildschirm starren muss, dem brennen häufig die Augen. Daher sollten Sie regelmäßig den Blick bewusst in die Ferne schweifen lassen und zur Aktivierung der Tränenflüssigkeit blinzeln, gähnen und die Augen verdrehen. Hier zwei Beispiele für das Augentraining:

Blicke werfen

▶ Aufrecht hinsetzen, den Kopf gerade halten.

▶ Nun nacheinander in diese Richtungen sehen: oben, unten, rechts, links, schräg rechts oben, schräg links unten, schräg links oben, schräg rechts unten.

▶ Anschließend die Augen kurz schließen.

Kreise malen

▶ Mit geschlossenen Augen die Augäpfel ein paarmal rechts herum kreisen lassen. Die Bewegung möglichst fließend ausführen. Danach einige Male links herum kreisen.

▶ Anschließend die Augen noch eine kurze Zeit geschlossen halten.

Mentale Stärke **aufbauen**

▶ *Schlechte Energien loswerden*

▶ *Special: Duft-Doping im Büro*

Herausforderungen können stressen, aber auch beflügeln. Das ist oft nur eine Frage der Einstellung. Außerdem helfen Ihnen einige einfache Atemübungen, das Drücken bestimmter Akupressurpunkte sowie sanfte Berührungen und Phantasiereisen, krank machenden Druck abzubauen und ruhig und gelassen zu bleiben.

Schlechte Energien loswerden

Erkennen Sie sich in einem der vier Verhaltensmuster wieder? Dann ist es ratsam, rasch etwas zu unternehmen, um der Stressfalle, in der Sie anscheinend stecken, zu entkommen.

Wann ein Mensch seine Leistungsgrenze erreicht, ist ganz individuell. Den einen bringt schon die kleinste Veränderung in der Alltagsroutine aus dem Gleichgewicht, ein anderer wird erst im größten Chaos etwas nervös. Die Reaktion auf berufliche Herausforderungen ist ebenfalls ganz unterschiedlich.

Um unter Stress die Kontrolle zu behalten, ist es von Vorteil, die eigenen Verhaltensweisen zu kennen, um rechtzeitig gegensteuern zu können. Hier vier typische Verhaltensmuster. Erkennen Sie sich in einem wieder?

Vier Verhaltensmuster

1. Sie laufen unter Druck zu absoluter Hochform auf, fallen hinterher aber in ein tiefes Loch.

2. Sie bleiben äußerlich gelassen, verlagern den Druck jedoch nach innen, neigen zu Kopfschmerzen und Verspannungen.

3. Sie stürzen sich kopflos auf das Problem, werden dabei fahrig und unkonzentriert.

4. Sie sind völlig blockiert, stehen vor der dringenden Aufgabe wie das Kaninchen vor der Schlange.

Keines dieser vier Muster ist besser oder schlechter, sondern zeigt nur eines: Sie sind im Stress! Wie jemand reagiert, hängt von vielen Faktoren ab, dazu gehören körperliche Konstitution, Erziehung und Erfahrungen. Zum Glück kann man lernen, mit Stress verursachenden Faktoren besser umzugehen und gelassener zu bleiben. Das ist gut für die Arbeit, aber vor allem für die Gesundheit.

Herausforderungen – eine Frage der Einstellung

Wissenschaftler unterscheiden entkräftenden negativen Stress (Disstress) und aufbauenden positiven Stress (Eustress). Zu Letzterem gehören Erlebnisse, die einen erfreuen, zum Beispiel die Geburt eines Kindes, eine Ehrung oder Auszeichnung, der Besuch lieber Freunde oder das aufregende Gefühl, verliebt zu sein. Doch selbst diese eigentlich positiven Ereignisse lösen bei einigen Menschen eher Panik aus.

Somit ist Stress in unserer Zeit vor allem eines: eine Kopfsache. Überlegen Sie sich: Wie gehen Sie Ihre Arbeit an? Sagen Sie: »Toll, diese Herausforderung werde ich bewältigen. Das macht Spaß. Ich freue mich auf die neuen Erfahrungen. Das bringt mich weiter.« Oder sagen Sie: »Wieso ich? Andere können das viel besser. Das schaffe ich nie. Das geht bestimmt daneben. Eigentlich habe ich dazu gar keine Lust.«

Diese beiden Grundeinstellungen bestimmen Leistungsfähigkeit und Stresspegel. Versuchen Sie also, das Positive in Ihren Aufgaben zu entdecken, und glauben Sie fest an ein gutes Ergebnis. Das ist schon die halbe Miete für mehr Erfolg, Gelassenheit und Lebensqualität. Probieren Sie es aus – ein Versuch lohnt sich.

Wenn das Positivdenken bezüglich Ihrer Aufgaben nicht sofort klappt, helfen Ihnen sicherlich die auf den folgenden Seiten vorgestellten kleinen Übungen, gelassener zu werden.

Die Atmung wieder harmonisieren

Ohne Nahrung sterben wir nach ein paar Wochen, ohne Flüssigkeit nach einigen Tagen, ohne Luft nach fünf bis 15 Minuten. Denn beim Einatmen strömt lebenswichtiger Sauerstoff in jede Zelle und füllt sie mit frischer Energie. Beim Ausatmen werden verbrauchter Sauerstoff – das giftige Kohlendioxid – und 70 Prozent aller Schlacken ausgeleitet. Zum Glück passiert das Ganze automatisch.

Doch unter Druck verändert sich dieser natürliche Vorgang. Wir atmen flacher, schneller, unregelmäßiger, stoßweise oder fühlen uns wie zugeschnürt. Die Folgen sind typische Stresssymptome wie Muskelverspannungen, Kopfschmerzen, Konzentrationsschwäche, Nervosität, Kreislauf-, Haut- und Verdauungsbeschwerden, Infektanfälligkeit, depressive Verstimmungen, Sexual- und Schlafstörungen. Der Atemvorgang kann jedoch als einziger körperlicher Automatismus bewusst und ganz einfach reguliert werden. Die Vorteile: Sie tanken neue Energie, geben Verbrauchtes ab, verbessern Ihre Körperhaltung, regulieren das Herz-Kreislauf-System, stärken die Nerven und aktivieren alle Organe. Hier ein paar einfache Beispiele für Atemübungen:

Wahrnehmung des Atems

Bei allen Atemübungen auf eine aufrechte Haltung achten. Das stärkt die Psyche und lässt die Energie besser fließen.

Wenn Ihnen die Nerven flattern, konzentrieren Sie sich ganz bewusst darauf, wie der Atem in Ihren Körper ein- und ausströmt. Das lenkt die Aufmerksamkeit in die innere Mitte und beruhigt in kürzester Zeit.

▶ Setzen Sie sich mit geschlossenen Augen aufrecht hin. Beobachten Sie, wie beim Einatmen die Luft durch die Nasenlöcher einströmt und durch Rachen, Luftröhre und Brust tief in den Bauch fließt. Der Bauch wölbt sich dabei deutlich nach außen. Die Schultern bleiben unten.

▶ Beim Ausatmen nehmen Sie wahr, wie der Bauch wieder flach wird und die Luft durch die Nase entweicht. Spüren Sie dabei ohne Bewertung in sich hinein: Fließt der Atem langsam, schnell oder stockend, wo sitzen Verspannungen, wie fühlen Sie sich?

▶ Nach 2 bis 5 Minuten sind Sie deutlich ruhiger und entspannter.

Positive Gefühle atmen

Kommen Ihre Gedanken bei der Übung nicht zur Ruhe? Dann beschäftigen Sie Ihren Geist mit einem Mantra. Es stammt aus dem Yoga und ist die dauernde geistige Wiederholung eines Wortes oder Satzes im Atemrhythmus.

▶ Traditionelle indische Mantras sind »Om« oder »Shanti«. Geeignet ist auch jede stärkende Formulierung. Beruhigend ist »ein« beim Einatmen und »aus« beim Ausatmen oder »Neues rein«, »Altes raus«. Sie können auch in beiden Phasen an »Ruhe«, »Frieden«, »Liebe«, »Heilung« oder den Namen eines geliebten Menschen denken.

Entspannen durch Autosuggestion

▶ Bei dieser aufbauenden Technik handelt es sich um eine Art Selbsthypnose. Entwickelt hat sie der französische Apotheker und Psychotherapeut Emile Coué (1857–1926). Der Zeitgenosse Freuds glaubte, dass nicht der Wille uns antreibt, sondern unsere Vorstellungskraft. Er prägte den Satz »Mir geht es von Tag zu Tag in jeder Hinsicht immer besser und besser.«

▶ Wer diesen Satz 2-mal täglich bis zu 20-mal hintereinander sagt oder denkt, programmiert damit sein Unterbewusstsein auf Selbstheilung und soll sich bald deutlich vitaler fühlen.

▶ Sie können aber auch Ihre eigenen Sätze formulieren. Wichtig ist nur, dass sie etwas Positives ausdrücken, zum Beispiel: »Ich bin ganz gelassen« statt »Ich bin nicht nervös.« Erprobte Aussagen sind auch: »Ich bin völlig entspannt«, »Heute ist ein guter Tag«, »Ich bin gut«, »Ruhe und Vertrauen erfüllen mein ganzes Sein – Körper, Geist und Seele.« Vermeiden sollten Sie dagegen mental schwächende Selbstgespräche wie: »Ich bin so blöd« oder »Das kann doch niemals klappen.«

Lüften Sie vor den Atemübungen den Raum kräftig durch. Noch besser: Führen Sie die Übungen am offenen Fenster oder an der frischen Luft aus.

4-4-4-Übung

Sie können Ihren Atem so steuern, dass er die Psyche stärkt und extrem entgiftend wirkt. Denn in bewussten Atempausen kann Ihr Organismus frischen Sauerstoff besonders gut verwerten.

▶ Wie bei der »Wahrnehmung des Atems« (Seite 40) beschrieben, tief in den Bauch einatmen. Dabei im Geist langsam bis 4 zählen. Dann die Luft anhalten und wieder bis 4 zählen. Abermals bis 4 zählen und dabei vollständig ausatmen. Von vorn beginnen. **Wichtig:** Immer durch die Nase atmen und die Zungenspitze an den Gaumen drücken. Das schließt laut asiatischen Vorstellungen den Energiekreislauf.

▶ 2- bis 10-mal wiederholen.

Wechselseitige Nasenatmung

Einseitige Nasenatmung

Um sich bei großer Nervosität zu beruhigen, raten indische Yogis, ausschließlich durch das linke Nasenloch zu atmen. Das stärkt nach der ayurvedischen Lehre die rechte Gehirnhälfte, die das Gefühl regiert.

▶ Den rechten Daumen von außen sanft gegen das rechte Nasenloch drücken, die übrigen 4 Finger zeigen dabei nach oben.

▶ In dieser Haltung 1 bis 3 Minuten ausschließlich durch das linke Nasenloch atmen.

Wechselseitige Nasenatmung

Bei Verspannungen im Schulter-Nacken-Bereich oder bei Kopfschmerzen kann diese Technik helfen, Beschwerden zu lindern und den Organismus wieder zu harmonisieren.

▶ Den rechten Daumen gegen den rechten Nasenflügel drücken.

▶ Nun durch das linke Nasenloch langsam tief bis hinunter in den Bauch einatmen.

▶ Dann den rechten Zeigefinger gegen den linken Nasenflügel halten, den Daumen wegnehmen und rechts erst aus-, dann einatmen.

▶ Nun den Daumen wieder gegen den rechten Nasenflügel drücken, durch das linke Nasenloch aus- und anschließend erneut einatmen.

▶ Kleine Koordinationshilfe: immer nach dem Einatmen die Finger wechseln.

▶ 1 bis 3 Minuten im Wechsel wiederholen.

Der Feueratem

Dieser pumpende Atem aus dem Yoga bringt schnell frische Energie und macht warm.

▶ Aufrecht hinstellen oder hinsetzen, tief einatmen. Nun den Bauch ruckartig nach innen ziehen und dabei bewusst ganz kräftig durch die Nase ausatmen.

▶ Anschließend die Bauchmuskeln entspannen. Dabei strömt der Atem automatisch ein. Sofort wieder kräftig ausatmen.

▶ Den auf die Ausatmung konzentrierten Atem etwa 1 Minute lang in einem möglichst schnellen Tempo ausführen.

Die Kutscherhaltung

Die Kutscherhaltung

Diese Pose erinnert daran, wie die Kutscher früher auf dem Bock saßen, wenn sie gerade nichts zu tun hatten. Sie ist extrem entspannend für den Rücken und den Nacken und leitet verbrauchte Energie aus.

▶ Im Sitzen die Füße hüftbreit aufstellen, Ellenbogen dicht an den Knien auf die Oberschenkel stützen, Rücken rund machen und Kopf schwer nach unten hängen lassen, Augen schließen.

▶ Nun tief einatmen und beim langsamen Ausatmen Kopf und Schultern noch schwerer werden lassen.

▶ 4-mal wiederholen.

▶ Zum Schluss die Hände auf die Knie stützen und mit dem Einatmen den Rücken langsam von unten nach oben Wirbel für Wirbel aufrollen.

Handauflegen verleiht Ruhe

Wenn Kinder hinfallen oder sich stoßen, reiben Eltern meistens automatisch über die schmerzende Stelle. Oft ist dann ganz schnell wieder alles gut. Denn Berührungen lenken die Aufmerksamkeit und damit heilende Energie in den entsprechenden Bereich. Das funktioniert auch, wenn Sie sich zur Beruhigung selbst die Hände auflegen.

Lachen Sie so oft und so herzlich wie möglich. Das transportiert eine Extraportion Sauerstoff in jede Zelle und verbreitet gute Laune.

Augen und Ohren abschalten

Wer kennt das nicht? In besonders hektischen Momenten möchte man manchmal nichts mehr sehen und hören. In einer solchen Situation hilft diese Blitzentspannung.

- ▶ Aufrecht, aber bequem auf einen Stuhl setzen.
- ▶ Augen schließen und Hände locker auf die Ohren legen.
- ▶ Ruhig und tief atmen und nach »innen« lauschen.
- ▶ Nach 1 Minute Hände auf die Augen legen, nach »innen« sehen.
- ▶ Anschließend tief durchatmen.

Hand auf die Stirn legen

Legen Sie, wenn Sie unter Stress stehen, häufig automatisch die Hand auf die Stirn? Gut so. Denn dadurch berühren Sie zwei wichtige Reflexpunkte der Kinesiologie, die Stirnbeinhöcker.

Die Stirnbeinhöcker sind 2 kleine, spürbare Erhebungen 2 bis 3 Finger breit oberhalb der Augenbrauen und ungefähr in der Mitte der senkrechten Linie zwischen Haaransatz und Augenbrauen.

- ▶ Zur Aktivierung dieser Reflexpunkte müssen Sie sie nicht genau lokalisieren, es reicht, die Handfläche einer Hand flach auf die Stirn zu legen. Das fördert die Durchblutung des Gehirns und löst die natürlichen Stressreaktionen – Flucht, Kampf oder Blockade – auf. Hinterher fällt die Arbeit um einiges leichter.
- ▶ Position etwa 1 Minute lang halten.

Tipp

Summen erzeugt Vibrationen im ganzen Körper und verlängert zugleich das Ausatmen. Beides zusammen löst Verspannungen im Schulter-Nacken-Bereich und lockert auch den Geist. Singen Sie also öfter zwischendurch eine Melodie auf »mmm«.

▶ Noch beruhigender wird es, wenn Sie gleichzeitig die andere Hand in den Nacken legen.

Hawaiianisches »Piko Piko«

Auch die Heiler aus dem polynesischen Raum arbeiten mit Energien und verschiedenen Kraftzentren. »Piko Piko« bedeutet so viel wie »von Zentrum zu Zentrum«.

▶ Zur Beruhigung und Zentrierung raten die Heiler, eine Hand oben auf den Kopf und die andere auf den Bauch zu legen und sich beim Einatmen auf den Scheitel und beim Ausatmen auf den Bauchnabel zu konzentrieren.

Hawaiianisches »Piko Piko«

Druck vertreibt Druck

Aber nur, wenn es sich dabei um Akupressur handelt. Die Methode stammt aus China, ist Jahrtausende alt und inzwischen auch bei uns eine anerkannte Heilmethode. Dabei soll durch Drücken und Reiben bestimmter Punkte die Lebensenergie Qi zum Fließen gebracht werden, um Beschwerden zu lindern. Bei Stress empfehlen chinesische Heiler folgende Punkte zu aktivieren:

Die Schläfen

▶ Bei Verspannungsschmerzen im Kopf und drohender Migräne die Fingerkuppen der Zeigefinger rechts und links neben den Augen in die kleinen Vertiefungen legen.

▶ Nun mit den Fingern leichten Druck erzeugen und etwa 1 Minute lang kleine rotierende Bewegungen ausführen.

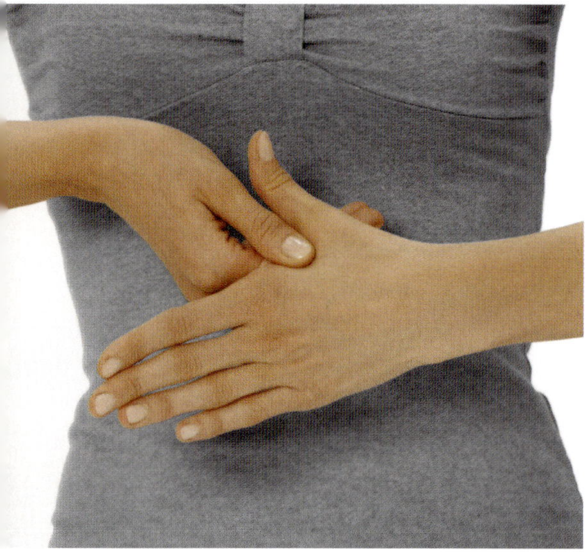

Der Bereich zwischen Daumen und Zeigefinger

Die Stimulierung eines bestimmten Punktes an der Hand entspannt Körper und Geist.

▶ Um diesen Punkt zu finden, Daumen und Zeigefinger der linken Hand spreizen. Mit dem rechten Daumen in die weiche Kuhle im Dreieck zwischen Daumen und Zeigefinger auf dem linken Handrücken drücken.

▶ Den Druck etwa 1 Minute lang halten, dabei tief ein- und ausatmen.

▶ Anschließend an der anderen Hand wiederholen.

Das Drücken dieses Akupressurpunktes entspannt Körper und Geist gleichermaßen.

Phantasiereisen entführen die Seele

Im größten Trubel einfach alles stehen und liegen lassen und ab ins Südsee-Paradies entfliehen. Nur ein schöner Traum? Lassen Sie ihn wahr werden – ganz preisgünstig und sehr einfach nur durch die Macht Ihrer Gedanken. Begeben Sie sich bei Bedarf – auch zwischendurch in einer Arbeitspause – auf eine Phantasiereise.

▶ Schließen Sie die Augen und stellen Sie sich einen wunderschönen Ort vor, beispielsweise einen weißen Sandstrand, eine blühende Wiese, einen ruhigen Wald oder einen luftigen Berggipfel.

▶ Versuchen Sie diesen Ort mit all Ihren Sinnen zu erleben: Welche Farben und Formen gibt es hier zu sehen, welche Gerüche können Sie aufnehmen, was schmecken Sie, hören Sie Geräusche oder sogar Musik, wie fühlen sich Sonne und Wind auf der Haut an?

▶ Genießen Sie mehrere Minuten lang alle Eindrücke mit ganzem Herzen.

▶ Zum Abschluss kehren Sie langsam wieder in die Realität zurück. Dazu 3-mal tief durchatmen, die Arme über den Kopf recken und die Augen öffnen.

Gehirn und Körper halten das Erlebte zum Zeitpunkt des Träumens für real und reagieren darauf. Daher fühlen Sie sich nach so einem schönen Wachtraum wunderbar erholt. Falls es mit der Phantasie nicht klappt, können Sie sich auch in ein Urlaubsfoto versenken.

Mit Spannung entspannen

▶ Der schwedische Physiotherapeut Edmund Jacobson entwickelte in den 1930er Jahren in den USA die »progressive Muskelrelaxation« oder auch »progressive Muskelentspannung«, kurz: PMR.

▶ Das dahinterstehende Prinzip: Je stärker ein Muskel kurzfristig angespannt wird, desto schneller und tiefer kann er danach entspannen. Gleichzeitig soll sich dabei auch die Psyche entkrampfen. Am intensivsten funktioniert diese Methode im Liegen.

▶ Hier eine Kurzform fürs Büro: An den Schreibtisch setzen, die Unterarme auf die Platte legen, der Rücken ist gerade aufgerichtet, die Fußballen sind unter dem Stuhl am Boden aufgestellt.

▶ 2-mal tief ein- und ausatmen.

▶ Nun den ganzen Körper fest anspannen. Gewicht auf die Unterarme stützen, die Schultern nach unten und hinten ziehen, den Bauch einziehen, das Gesäß anspannen und etwas anheben, die Fußballen in den Boden stemmen, die Zunge gegen den Gaumen drücken.

▶ Die Spannung bis zu 1 Minute lang halten und – wenn möglich – noch verstärken. Dabei weiteratmen.

▶ Dann mit dem Ausatmen die ganze Spannung plötzlich loslassen.

▶ Kurz die Augen schließen und den ganzen Körper wahrnehmen.

Das ausführliche PMR-Programm können Sie am besten in Kursen erlernen, die unter anderem von Volkshochschulen und Gesundheitszentren angeboten werden.

Special: **Duft-Doping** im Büro

Fühlen Sie sich abgespannt, müde, nervös und unkonzentriert? Überwinden Sie diese kleinen Krisen mit ätherischen Ölen aus Blumen, Kräutern und Früchten. Denn der Duft dieser natürlichen Essenzen, so sagen erfahrene Aromatherapeuten, berührt unsere Seele und bringt automatisch Freude und Entspannung – vorausgesetzt, Sie mögen den entsprechenden Duft.

Verwenden Sie keine synthetischen, sondern nur natürliche Öle. Und auch nur einzelne Essenzen oder fertige Mischungen. Sie erhalten sie in der Apotheke, im Reformhaus oder im Bioladen.

Das Erschnuppern eines Wohlgeruchs steigert erwiesenermaßen das Wohlbefinden und stärkt die Selbstheilungskräfte. Außerdem sollen einige der leicht flüchtigen Öle Bakterien und Viren in der Raumluft abtöten. Im Gegensatz dazu können unangenehme Gerüche Stress, Irritation, Depression und Apathie hervorrufen.

Aromen beeinflussen das Befinden

Gerüche gehen über die Riechzellen der Nasenschleimhaut direkt in das so genannte limbische System. Das ist der älteste Teil unseres Gehirns. Er ist verantwortlich für Instinkte, Emotionen und automatische körperliche Vorgänge wie Herzschlag, Stoffwechsel, Atmung und Hormonausschüttung. Düfte dringen also ins Unterbewusstsein ein, wecken blitzschnell Erinnerungen – oft an die Kindheit – und können tief verborgene Bilder und Gefühle heraufbeschwören.

Aromatherapie am Arbeitsplatz

Nicht nur zu Hause, auch im Büro sind ätherische Öle ein gutes Mittel, Kräfte zu mobilisieren oder die Nerven wieder zu beruhigen.

▶ Träufeln Sie dazu ein paar Tropfen des jeweiligen Öls auf einen porösen Stein oder ein sauberes Papiertaschentuch und legen Sie den Duftstein oder das Tuch in Reichweite auf Ihren Schreibtisch.

▶ Etwas aufwändiger, aber optisch schöner ist das Verdampfen in einer Duftlampe. Dabei erwärmt ein Teelicht eine Schale Wasser mit ca. 4 bis

10 Tropfen Aromaöl. Nach etwa 30 Minuten das Teelicht wieder löschen, sonst könnte das Öl verbrennen.

▶ Ganz wichtig: Setzen Sie die Öle sehr sparsam und nur bei Bedarf ein! Denn genau wie bei einem Parfum gewöhnt sich die Nase mit der Zeit an den Duft und nimmt ihn nur noch in Überdosis wahr. In hoher Konzentration überreizen die Stoffe Ihre Nerven und eventuell die Ihrer Kollegen.

Die 10 effektivsten Duftöle gegen Stresssymptome

Grapefruit: Der zitronige, leicht bittere Duft regt die Ausschüttung euphorisierender Glückshormone an und harmonisiert das Raumklima.

Latschenkiefer: Das schwache Aroma erinnert an einen frischen Wald, schützt den Körper vor Infektionen und die Psyche vor Erschöpfung.

Lavendel: Das Öl mit dem herben, kräuterartigen Duft beruhigt die Nerven, macht den Kopf klar und wirkt krampflösend.

Lemongras: Der intensive, frische Duft reinigt die Luft, macht wach, fördert die Konzentration und vertreibt negative Stimmungen.

Limette: Die nur schwach duftende zitronige Essenz vertreibt schlechte Laune und desinfiziert die Raumluft besonders nachhaltig.

Orange: Der schwache, süße, warme Duft gleicht den Lichtmangel in der Winterzeit aus und entspannt Körper und Geist.

Rosmarin: Das krautige, eukalyptusartige Aroma regt an, mildert Kopfschmerzen und stärkt die Nerven.

Spearmint: Der süßlich erfrischende Geschmack der Krauseminze, einer Pfefferminzart, aromatisiert seit den 1950er Jahren vor allem Kaugummi. Ihr starker Duft hilft bei Erschöpfung, Gedächtnisschwäche und Entschlussunfähigkeit.

Wacholder: Früher wurde dem würzigen Duft nachgesagt, er könne böse Geister vertreiben. Tatsächlich reinigt er die Raumluft und stärkt darüber hinaus die Geisteskraft.

Zitrone: Die spritzig frische Note der gelben Frucht reinigt und klärt Körper und Geist, vertreibt üble Gerüche und desinfiziert die Luft.

Vorsicht, ätherische Öle nie unverdünnt auf die Haut auftragen! Das kann unter Umständen starke allergische Reaktionen auslösen.

Zwischendurch **neue Kräfte** tanken

- *Frische Energie aufnehmen*
- *Die Konzentration verbessern*
- *Special: Optimale Raumgestaltung*

Völlig ausgepowert, aber keine Pause in Sicht? Damit Sie dennoch wieder zu Kräften kommen, bringen ganz einfache Maßnahmen fur zwischendurch wie Massieren, Kneten und Klopfen, Yoga-Übungen, Mudras (Finger-Yoga) sowie kneippsche Wasseranwendungen neuen Schwung und steigern die Konzentration.

Frische Energie aufnehmen

Die Asiaten glauben seit Jahrtausenden an eine allgegenwärtige Lebenskraft, die im ganzen Kosmos und somit auch im menschlichen Körper fließt. In China heißt diese Energie, wie bereits erwähnt, »Qi«, in Japan »Ki« und in Indien »Prana«. Ist diese Energie nicht richtig in Fluss, entstehen Blockaden. In der Natur führt das zum Beispiel zu schlechten Ernten, im menschlichen Körper zu Unwohlsein, Beschwerden und Krankheiten. Asiatische Heiler haben Methoden entwickelt, Krankheiten erst gar nicht entstehen zu lassen, indem körperliche und geistige Blockaden rechtzeitig erkannt und gelöst werden.

Um die asiatischen Qi-Gong-Übungen richtig zu erlernen, empfiehlt es sich, einen Kurs bei einem entsprechenden Institut oder einer Volkshochschule mit ausgebildeten Qi-Gong-Trainern zu belegen.

Massieren, drücken, klopfen

Zur Erhaltung des Energieflusses empfehlen Asiaten Qi Gong. Das sind spezielle fließende Bewegungen. In China wird ein festes Programm zur Prävention in vielen Betrieben und Institutionen zweimal täglich von der gesamten Belegschaft ausgeführt. Das ist Teil der traditionellen chinesischen Medizin, zu der auch die Akupressur und die Akupunktur gehören.

Die Inder haben mit Ayurveda – dem Wissen vom Leben – eine ähnliche Heillehre zur Energetisierung entwickelt. Sie schwören unter anderem auf Yoga und Ölmassagen. All diese Methoden finden inzwischen auch bei uns im Westen immer mehr Anhänger. Denn das Verblüffende ist: Auch wenn man nicht an Energiesysteme glaubt, steigern die Übungen, Massagen und Nadelstiche nachweislich das Wohlbefinden. Falls Sie demnächst im Büro einen Energieeinbruch verspüren, beleben Sie garantiert die folgenden Übungen.

Das Gesicht waschen und die Haare kämmen

Diese Übungen sind oft der Abschluss einer Qi-Gong-Folge, weil sie wach und munter machen.

▶ Dafür zunächst die Handflächen kräftig aneinander reiben, um das Qi dorthin zu lenken. Dann die Handflächen so auf das Gesicht legen, dass die Handballen das Kinn berühren und die kleinen Finger sich berühren.

▶ Nun die Hände geschlossen nach oben zum Haaransatz führen, etwas öffnen und seitlich vom Gesicht wieder zurückführen.

▶ Das Ganze 9-mal wiederholen.

▶ Anschließend mit allen 10 Fingerspitzen kräftig vom Haaransatz bis zum Nacken 9-mal durch die Haare fahren.

Die Ohren umkrempeln

Auch wenn Sie es nicht glauben – eine kleine Massage an den Ohren kann aus dem Energieloch führen. Genau wie an Händen und Füßen sitzen auch an den Ohren Reflexpunkte, die mit unserem ganzen Körper in Verbindung stehen und ihn aktivieren. Das macht wach wie Koffein, hat aber nicht dessen Nebenwirkungen.

▶ Greifen Sie dazu mit beiden Händen an die Ohrläppchen – Daumen vorn, gebogener Zeigefinger hinten.

▶ Nun die ganze Ohrmuschel ein paar Mal von unten nach oben und wieder zurück durchkneten, als wollten Sie die Ränder glatt streichen. Der Effekt: Die Ohren werden extrem warm und die Lebensgeister wieder munter.

Die Ohren umkrempeln

Drücken Sie auf Power

Das japanische Gegenstück zur chinesischen Akupressur-Massage heißt Shiatsu. Ein wichtiger Druckpunkt in diesem System liegt genau im Mittelpunkt des Handtellers und heißt »Heart Protector 8«. Dieser Herzschutzpunkt bringt schnell neue Kräfte.

▶ Mit dem Daumen fest in die Mitte des Handtellers der anderen Hand drücken.

▶ Dabei 3-mal tief durchatmen.

▶ Mit der anderen Hand wiederholen.

Den Kreislauf anregen

Gegen niedrigen Blutdruck hilft eine Druckmassage am Kopf.

Die Übung »Den Kreislauf anregen« sollten Sie zur Vorbeugung 3-mal täglich durchführen.

▶ Rechte oder linke Handfläche an den Hinterkopf legen. Nun die Hand fest nach vorn pressen und wieder lösen. Der Kopf leistet dabei Widerstand, ohne im Nacken zu verkrampfen.

▶ 5-mal wiederholen.

Finger-Yoga für die Nerven

Yogis nutzen eine ganz besondere Methode, um in ihrem Körper einen neuen Energiestoß freizusetzen: Spezielle Fingerhaltungen, so genannte Mudras (zu deutsch: Siegel), können nämlich Selbstheilungskräfte stimulieren. Durch leichten Druck werden so verschiedene Akupressurpunkte an den Händen aktiviert und Energie weitergeleitet. Das Resultat: Physische und psychische Beschwerden – besonders stressbedingte – nehmen ab. Die folgende Mudra beruhigt die Nerven:

▶ Bequem hinsetzen und kurz zur Ruhe kommen, zum Beispiel durch Konzentration auf den Atem.

▶ Dann an beiden Händen Zeige- und Mittelfinger locker über die Daumen legen, Ring- und kleine Finger strecken.

▶ Nun die Kuppen von Ring- und kleinen Fingern sowie die mittleren Fingerglieder von Zeige- und Mittelfinger der rechten und der linken

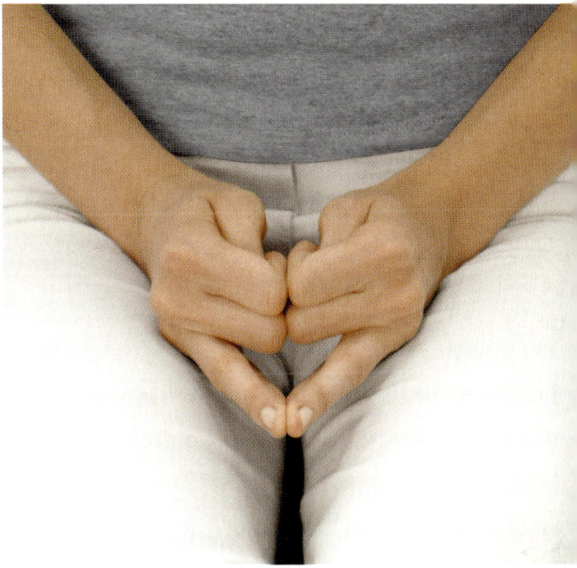

Das Halten dieser Mudra beruhigt Ihre Nerven.

Hand zusammenführen (Bild rechts). Die Hände in dieser Haltung in den Schoß legen und die Augen schließen.

▶ Die Mudra 3 bis 10 Minuten lang halten, dabei weiterhin langsam und tief atmen.

Klopfen setzt Energie frei

Die Thymusdrüse in der Mitte der Brust gilt als Steuerungszentrale für den Energiefluss in den Meridianen und spielt zudem eine wichtige Rolle bei der Immunabwehr.

▶ Um die Drüse zu stimulieren, mit der lockeren Faust 5- bis 10-mal auf den Mittelpunkt der Brust klopfen, aber nur so lange und so stark, wie es angenehm ist. Meistens muss man dabei tief einatmen – ein Zeichen der körperlichen Regeneration.

▶ Ein weiterer wichtiger Energiepunkt, der Kronenpunkt, liegt genau auf der höchsten Stelle des Scheitels auf dem Kopf. Hier laufen alle Meridiane zusammen. Ein leichtes Trommeln mit den Fingerspitzen auf diese Stelle aktiviert den gesamten Organismus und klärt die Gedanken.

Die Lebensgeister wecken

Ein einfacher Trick, den gesamten Organismus zu aktivieren, ist eine Ganzkörper-Klopfmassage – ein tolles Ritual gleich nach dem Aufstehen. Es wirkt aber auch jederzeit im Büro. Nach ein paar Anwendungen haben Sie die Sequenz verinnerlicht.

▶ Mit der rechten Handfläche 9-mal auf folgende Stellen der linken Körperhälfte klopfen, dabei die Reihenfolge einhalten: Brust, Innenseite Oberarm, Innenseite Unterarm und Nacken. Dann das Gleiche mit der linken Handfläche auf der rechten Seite wiederholen.

▶ Weiter geht es mit beiden Händen: 3-mal leicht auf Scheitel, Hinterkopf und Nacken schlagen.

▶ Dann klopfen Sie 9-mal beidseitig mit je 1 Hand auf diese Punkte: Nieren, Po, Außenseite Oberschenkel, Außenseite Unterschenkel, Innenseite Unterschenkel, Innenseite Oberschenkel, Bauch und Brust.

▶ Das Ganze insgesamt 3-mal wiederholen.

Aktiv nach Pfarrer Kneipp

Sebastian Kneipp (1821–1897) entwickelte zahlreiche Wasseranwendungen, einerseits um Krankheiten zu kurieren, vor allem aber, um durch die Stärkung der Abwehrkräfte die Gesundheit zu erhalten. Somit war er im Westen einer der Ersten, der die Idee der Prävention förderte. Für ihn stand fest: Wasser kann Krankheitsstoffe im Blut auflösen, das Gelöste ausscheiden und das gereinigte Blut wieder richtig zirkulieren lassen. Die Wissenschaft belächelte lange diese Behauptungen. Doch der Erfolg gab ihm Recht. Noch heute sind seine Methoden beliebte Hausmittel und ein wichtiger Teil bei medizinischen Anwendungen oder Wellness-Kuren. Folgendes Teilbad lässt sich problemlos am Waschbecken in der Bürotoilette durchführen.

Erfrischendes Armbad

▶ Ein Waschbecken zu 2/3 mit kaltem Wasser (12 bis 18 °C) füllen. Die nackten Unterarme 30 Sekunden lang eintauchen. Die Kälte sollte deutlich zu spüren sein. Dabei ruhig atmen.

▶ Danach das Wasser von den Armen nur etwas abstreifen, Ärmel über die Unterarme ziehen und die Arme warm schwenken. Das regt den Stoffwechsel an, vertreibt Müdigkeit und stärkt die Abwehrkräfte.

Tipp

Lächeln hebt tatsächlich die Stimmung. Selbst wenn Ihnen eigentlich gar nicht zum Lachen ist, setzt allein das Hochziehen der Mundwinkel Glückshormone frei, die so genannten Endorphine. Die Wirkung dieser Hormone entstresst den gesamten Organismus.

Die **Konzentration** verbessern

Selbst wer schön entspannt ist und voller Energie steckt, kommt manchmal nicht mit der Arbeit weiter. Ständig schweifen die Gedanken ab: zu unerledigten Arbeiten, zum nächsten Auftrag oder auch zu privaten Überlegungen über den nächsten Urlaub oder die Lieben zu Hause. Verstand und Gefühl sind in diesem Fall nicht harmonisch verbunden, bringen einen ständig aus dem Konzept, lassen aber auch keine klaren Entscheidungen zu. Solche Situationen treten selbst bei konzentrierter Arbeit etwa alle 90 Minuten auf. Dann helfen folgende Erste-Hilfe-Maßnahmen, die Gedanken wieder zu bündeln.

Bereits mit einigen einfachen Übungen können Sie ein »Konzentrationsloch« rasch wieder überwinden.

Die Nase massieren

Verstopfte Nebenhöhlen erschweren das Atmen und stauen Energie.

▶ Zur Klärung des Kopfes beide Zeige- und Mittelfinger rechts und links oben neben der Nasenwurzel ansetzen. Beim langsamen Ausatmen die Nase bis zur Nasenspitze mit Mini-Kreisen massieren.

▶ Dann ohne Massage einatmen und alles noch 3-mal wiederholen.

Die Überkreuz-Bewegung

Diese Übung aus der Kinesiologie aktiviert beide Gehirnhälften und fördert ihr Zusammenspiel.

▶ Aufrecht hinsetzen, Arme hängen locker neben dem Körper. Nun im Wechsel die Knie leicht anheben, dabei mit der entgegengesetzten Hand auf das jeweils erhobene Knie tippen, also mit der rechten Hand auf das linke Knie, dann mit der linken Hand auf das rechte Knie.

▶ 20- bis 30–mal wiederholen.

Die Aktivierung der Raumpunkte

▶ Für einen klaren Kopf empfehlen Kinesiologen Zeige- und Mittelfinger der einen Hand an die Oberlippe und die andere Hand ans Steißbein zu legen.

▶ Diese Punkte 10 bis 30 Sekunden lang reiben oder massieren, anschließend mit umgekehrter Handhaltung wiederholen.

Der Kranich

Wenn »der Kranich« ohne jegliches Schwanken gelingt, versuchen Sie, während der Übung die Augen zu schließen. Das erschwert die Haltung, steigert aber den Effekt der Übung.

Diese Yogahaltung harmonisiert ebenfalls die Gehirnhälften und führt in die eigene Mitte zurück. Finden Sie zunächst keinen festen Stand, zeigt das, wie sehr Sie sich von außen gesteuert fühlen. Doch je öfter Sie diese Übung machen, desto mehr finden Sie zu sich selbst.

▶ Aufrecht hinstellen, Knie leicht beugen, Handflächen eng vor der Brust aneinander legen, Finger weisen nach oben. Einen Punkt in Augenhöhe fixieren.

▶ Beim Einatmen Arme mit aneinander gelegten Händen über den Kopf heben, Schultern bleiben unten. Gleichzeitig linken Unterschenkel nach hinten anwinkeln.

▶ Position 5 bis 20 Sekunden lang halten. In die Ausgangsposition zurückkommen und die Übung mit dem anderen Bein wiederholen.

Finger-Yoga für mehr Konzentration

Wer sich innerlich sammeln möchte, legt oft unbewusst die Fingerspitzen beider Hände vor dem Bauch aneinander. Das hilft, sich schneller zu erinnern, den roten Faden wieder zu finden, Gelesenes besser zu behalten und auf gute Ideen zu kommen.

Die Füße sollten dabei nebeneinander auf dem Boden stehen. Gekreuzte Beine heben den Effekt auf. Noch besser wirkt die Haltung, wenn Sie dabei nach oben schauen, während des Einatmens die Zungenspitze an den Gaumen legen und beim Ausatmen wieder lösen. Dauer: einige tiefe Atemzüge lang.

Der Kranich lässt Sie Ihre eigene Mitte wiederfinden.

Special: Optimale **Raumgestaltung**

Wenn Sie sich in Ihrem Büro wohl fühlen wollen, bedeutet das nicht, dass der Arbeitsplatz eine Kuschelecke sein muss. Im Gegenteil: Im Job sollten Möbel, PC, Telefon, Schreibutensilien, Unterlagen und Akten nicht nur zweckmäßig, sondern auch ergonomisch sinnvoll angeordnet sein. Vor allem das Zusammenspiel von Stuhl, Tisch, Bildschirm und Tastatur bzw. Maus trägt viel zum Wohlbefinden bei. Stimmt die Sitzposition nicht, entstehen leicht Nacken- und Rückenschmerzen.

Wenn sich die Sitzfläche Ihres Bürostuhls nicht kippen lässt, besorgen Sie sich ein Keilkissen aus dem Sanitätshaus. Das erleichtert eine aufrechte Sitzposition.

Ergonomisch richtig sitzen

▶ Ganz wichtig: ein guter Bürostuhl. Er ist verstellbar, hat eine neigbare Sitzfläche, eine Rückenlehne, die bis unter die Schulterblätter reicht, und kurze Armlehnen. Wenn Sie die ganze Sitzfläche sowie die Rückenlehne nutzen, sollten Ober- und Unterschenkel einen 90-Grad-Winkel bilden und die Füße bequem mit der ganzen Sohle auf dem Boden stehen.

▶ Die Oberarme hängen locker neben dem Körper, die Unterarme liegen waagerecht zur Tastatur. Zur Auflage der Hände sollten zwischen Tastatur und Tischkante etwa 5 bis 10 Zentimeter Platz sein.

▶ Der beste Abstand zwischen Augen, Bildschirm, Tastatur und Vorlage ist 45 bis 60 Zentimeter, bei Bildschirmen ab 17 Zoll und bei größeren Schriften sogar 60 bis 80 Zentimeter. Um die Augen zu schonen, sollte sich keine Lichtquelle im Monitor spiegeln.

▶ Alle Arbeitsmittel, die Sie oft gebrauchen, in Reichweite stellen, so dass sie ohne körperliche Verdrehungen benutzt werden können. Aber nicht vergessen: Um mobil zu bleiben, so oft wie möglich bewegen!

Für ein gutes Raumklima

▶ Wenn Sie nicht in klimatisierten Räumen arbeiten, lassen Sie regelmäßig frische Luft und somit belebenden Sauerstoff in Ihr Büro – am besten jede Stunde 1 Minute lang die Fenster weit öffnen.

▶ Gerade im Winter trocknet Heizungsluft die Nasenschleimhäute aus und macht anfällig für Erkältungen. Für mehr Luftfeuchtigkeit sorgt eine kleine Schale mit Wasser auf der Heizung. Vorbeugend wirken Nasenspülungen mit Salzwasser oder Nasensprays mit Meerwasser (Apotheke).

▶ Außerdem wichtig: ausreichende Beleuchtung. Das ist gut für die Augen, aber auch für die Psyche. Im Winter macht die ständige Dunkelheit müde und sogar depressiv. Dagegen helfen Vollspektrumlampen statt normaler Glühbirnen und therapeutische Tageslichtlampen. Sie wirken wie das fehlende, lebenswichtige Sonnenlicht.

Gymnastikball und Kniestuhl sind keine echten Alternativen zum Bürostuhl und nur zum stundenweisen Gebrauch geeignet.

Feng Shui im Büro

Ergonomisch ist in Ihrem Büro alles bestens und trotzdem fühlen Sie sich nicht voll leistungsfähig, sondern blockiert? In diesem Fall werden Feng-Shui-Experten behaupten, dass die Lebensenergie Qi in diesem Raum nicht richtig fließen kann. Genau wie in unserem Körper sollte sie auch in Räumen gut zirkulieren. Auf diesem Wissen basiert das 5000 Jahre alte chinesische Feng Shui – die Lehre von Ursache und Wirkung bei der Raumgestaltung, die seit einigen Jahren auch im Westen immer populärer wird. Das betrifft nicht nur das Innere eines Gebäudes, sondern auch dessen Ausrichtung in der Umgebung und ist eine Kunst für sich. Trotzdem gibt es einige Regeln, die fast immer helfen:

Weitere Informationen zu Feng Shui erhalten Sie beim Berufsverband für Feng Shui. Die Anschrift finden Sie auf Seite 78.

▶ Jeder kann bestätigen, dass Türen im Rücken verunsichern. Richten Sie daher den Schreibtisch so aus, dass Sie den Ein- und Ausgang im Auge haben und eine Wand hinter sich. Bringen Sie an diese Wand und der gegenüber liegenden Bilder oder Symbole an, die für Sie positive Energie ausstrahlen. Das stärkt den Rücken bzw. ermuntert für die Zukunft.

▶ Auf den Arbeitsplatz gerichtete spitze Ecken und scharfe Kanten verschärfen Dynamik. Und das bedeutet im Job meistens Stress. Mildern Sie diesen Einfluss durch Schnittblumen oder Pflanzen mit runden Blättern.

▶ Liegen sich Tür und Fenster gegenüber, droht das wertvolle Qi aus dem Raum zu strömen. Pflanzen und Kristalle sollen den Fluss aufhalten.

Power-Nahrung für Körper und Geist

- *Gesunde Ernährung fürs Büro*
- *Ganz wichtig: richtig trinken*

Für die mentale und körperliche Fitness braucht der Körper ausreichend Vitamine, Mineralien, komplexe Kohlenhydrate sowie pflanzliches Eiweiß. Die Aufnahme von ausreichend Flüssigkeit ist ebenfalls wichtig. Mit den richtigen Powersnacks und -drinks bleiben Sie auch im größten Stress fit und leistungsfähig.

Gesunde Ernährung fürs **Büro**

Wenn man unter Stress steht, leidet meistens auch die Ernährung – ein Teufelskreis entsteht. Denn eine gesunde, ausgewogene Kost ist das A und O, um gegen zu viel Stress gewappnet zu sein.

Eine ausgewogene Ernährung ist neben Bewegung, Entspannung und positiver mentaler Einstellung die vierte Säule unserer Gesundheit. Nährstoffe sind sozusagen der Treibstoff für unsere Arbeit – und je besser das Benzin, desto besser die Leistung. Damit unser Organismus optimal funktionieren kann, braucht er täglich Flüssigkeit, Proteine (Eiweiß), Kohlenhydrate, Fette, Vitamine und Mineralstoffe. Da ist sich die Wissenschaft einig – nur über die Zusammenstellung wird immer wieder heftig diskutiert.

Falsche Nahrung als Energieräuber

Fakt ist, dass wir in den westlichen Industrienationen in einem kulinarischen Paradies leben. Bei Lebensmitteln haben wir die Qual der Wahl. Doch das birgt auch die Gefahr, zu häufig nach dem Schlechteren zu greifen. Fastfood, Fertiggerichte, Kantinenessen, Süßigkeiten und Softdrinks sind zwar sehr bequem zu konsumieren, sie enthalten jedoch viel weniger Vitalstoffe als frisch zubereitete Speisen und können dem Körper sogar Energie entziehen. Letzteres gilt natürlich auch besonders für Alkohol und Nikotin.

Zudem essen die meisten Menschen zu fett, zu süß, zu salzig und ganz einfach zu viel. Unter Stress vergessen viele sogar das Essen, bekommen aber irgendwann Heißhunger und stopfen sich dann wahllos voll. Kein Wunder, dass ganz viel Energie für die Verdauung verbraucht wird. Die Folgen: Das Gehirn arbeitet auf Sparflamme, die Power lässt nach und das Gewicht steigt langsam, aber sicher immer weiter an.

Einfache Ernährungsregeln für mehr Vitalität

Aber keine Bange! Für eine ausreichende Versorgung mit Nährstoffen müssen Sie nicht täglich frische Lebensmittel einkaufen und zubereiten. Das wäre natürlich optimal, doch gerade gestresste berufstätige Menschen haben dazu oft weder Zeit noch Lust.

Die Erfolgsformel lautet vielmehr: Von jedem etwas, von keinem zu viel und immer mit Genuss. Allerdings sollten Sie dabei hochwertige und möglichst naturbelassene Produkte bevorzugen, fette, süße und stark bearbeitete Lebensmittel dagegen reduzieren und drei Hauptmahlzeiten oder fünf kleinere Mahlzeiten einhalten. Wer aus den folgenden Nahrungsgruppen täglich Hochwertiges wählt, ist bestens versorgt.

Obst und Gemüse

Obst und Gemüse dürfen und sollten Sie auf jeden Fall reichlich essen. Das befürworten zahlreiche Gesundheitsorganisationen in der ganzen Welt. Auf dieser Basis entstand auch die groß angelegte Gesundheitskampagne »5 am Tag«. Sie läuft seit dem Jahr 2000, unter anderem auch in Deutschland.

- Die ganz einfache Botschaft dieser Kampagne lautet: »Iss jeden Tag 5 Portionen Obst und Gemüse – 2-mal Obst und 3-mal Gemüse.«
- Eine Portion ist dabei so groß, dass sie in die eigene Hand passt. Kinder und zart gebaute Menschen essen somit weniger als große und kräftige Personen.
- Die Produkte dürfen roh, gegart oder als Saft konsumiert werden. Auch Tiefkühlkost ist erlaubt.
- Es gibt keine Beschränkungen oder Essverbote.

Zahlreiche Studien belegen, dass diese Maßnahmen wirksam die Gesundheit fördern. Der Organismus erhält auf diese Weise verdauungsfördernde Ballaststoffe sowie lebenswichtige Vitamine, Mineralien und

Tipp

Achten Sie beim Kauf von Obst und Gemüse darauf, dass beides aus Ihrer Region stammt und frisch geerntet ist. Noch besser, aber teurer sind Produkte aus kontrolliertem Anbau mit Bio-Siegel. Sie enthalten weniger Pestizide und mehr Vitalstoffe als die konventionell angebauten.

Die beiden Beispiele der »5-am-Tag«-Ernährung zeigen Ihnen, auf welche Weise Sie die fünf Portionen Obst und Gemüse über den Tag verteilen können. Was und wie viel Sie darüber hinaus essen, ist dann natürlich ganz Ihnen überlassen.

sekundäre Pflanzenstoffe. Diese schützen unsere Zellen unter anderem vor aggressiven Sauerstoffmolekülen, den so genannten freien Radikalen, und helfen Enzymen, Hormonen und Nerven, den Körper leistungsfähig zu halten. Typische Alarmzeichen für eine Unterversorgung mit diesen Vitalstoffen können beispielsweise Abgeschlagenheit, Nervosität, Unkonzentriertheit, Infektanfälligkeit, fahle Haut und brüchige Nägel sein.

Einige Obst- und Gemüsesorten enthalten besonders viele Vitalstoffe und sollten daher häufig bis täglich auf dem Speiseplan stehen. Dazu gehören rote Paprika, Brokkoli, Spinat, Zwiebeln, Rote Bete, Tomaten, alle Beerenarten und Zitrusfrüchte.

Zwei Beispiele für die »5-am-Tag«-Ernährung

Beispiel 1:

- Frühstück: 1 Schale Müsli mit Apfel
- Zwischendurch: 1 Glas Obst- oder Gemüsesaft
- Mittagessen: 1 Portion Gemüse als Hauptmahlzeit
- Abendessen: 1 Teller Salat

Beispiel 2:

- Frühstück: 1 belegtes Brötchen, dazu 1 Glas Saft
- Mittagessen: 1 große Portion Salat (das sind 2 Portionen Gemüse)
- Nachmittags: 1 Banane
- Abendessen: zum Beispiel gebratenes Gemüse mit Kräutern und dazu Vollkornbrot

Diese Kost vitalisiert, hält gesund und lässt kaum noch Raum für zucker- oder fettreiche Snacks.

Knackig frisch und supergesund: Obst bietet Ihnen geballte Vitamin-Power und macht Sie wieder fit und leistungsfähig.

Proteine (Eiweiß)

Unser Körper braucht täglich acht essenzielle, also lebenswichtige Aminosäuren als Baumaterial für Muskeln, Organe, Nerven und Gehirn. Diese Aminosäuren erhält er durch Eiweißverbindungen, auch

Proteine genannt, aus pflanzlichen oder tierischen Lebensmitteln. Die hochwertigsten tierischen Eiweißlieferanten sind mageres Fleisch, Fisch, Eier, Milchprodukte. Allerdings enthalten diese Produkte auch gesättigte Fettsäuren, die in zu großen Mengen ungesund sind.

Bevorzugen Sie daher fettarme Fleisch-, Wurst- und Käsesorten. Eine gute Alternative sind pflanzliche Lebensmittel, die viele Proteine enthalten. Dazu gehören Soja, Hülsenfrüchte und Nüsse. Um täglich mit allen acht essenziellen Aminosäuren versorgt zu sein, sollten Sie verschiedene Eiweißquellen in einer Mahlzeit kombinieren.

Um vermehrt pflanzliches Eiweiß zu sich zu nehmen, sollten Sie ein- oder zweimal pro Woche einen rein vegetarischen Tag einlegen.

Kohlenhydrate

Kohlenhydrate werden im Körper in kleine Zuckermoleküle aufgespalten und sind die wichtigste Energiequelle für Muskeln, Nerven und Gehirn. Man unterscheidet einfache und komplexe Kohlenhydrate:

- Lebensmittel mit komplexen Kohlenhydraten wie Vollkornprodukte, Obst und Gemüse werden langsam aufgespalten, haben einen lang anhaltenden Sättigungseffekt und enthalten Vitamine, Mineral- und Ballaststoffe.
- Einfache Kohlenhydrate stecken in Zucker, Honig und Weißbrot. Sie werden rasch zerlegt, gelangen schnell ins Blut und liefern einen kurz anhaltenden Energiekick. Danach sinkt der Blutzuckerspiegel jedoch ganz schnell wieder dramatisch ab. Die Folgen sind häufig plötzliche Müdigkeit, Konzentrationsmangel, Kopfschmerzen und Heißhungerattacken. Außerdem haben Lebensmittel, die viele einfache Kohlenhydrate enthalten, einen geringen Sättigungswert und fast keine Vitamine und Mineralstoffe. Daher werden die einfachen Kohlenhydrate auch »leere Kalorien« genannt.

Aber egal, ob einfach oder komplex: Ein Überangebot treibt den Blutzuckerspiegel in die Höhe und löst Hunger aus. Zudem wird überflüssiger Zucker in Fett umgewandelt und eingelagert. Daher sollten Süßes, Kuchen und Weißbrot nur selten auf dem Speiseplan stehen.

Nahrungsmittel mit komplexen Kohlenhydraten sind wesentlich gesünder als solche mit einfachen Kohlenhydraten, wie sie z. B. in Weißmehlprodukten enthalten sind.

Fette

Fette, auch Lipide genannt, sind lebenswichtig. Sie liefern Energie für die Muskeln, enthalten essenzielle ungesättigte Fettsäuren, sind für die Aufnahme fettlöslicher Vitamine nötig und schützen unsere Organe vor Kälte und Verletzungen. Allerdings kommt es dabei sehr auf Qualität und Menge an. Denn Fett ist der energiereichste Nährstoff. Er enthält doppelt so viele Kalorien wie Eiweiß oder Kohlenhydrate. Bei einem bewegungsarmen Lebensstil sind 65 bis 80 Gramm Fett pro Tag genug. Die meisten Menschen essen jedoch wesentlich mehr, vor allem von den ungesunden gesättigten Fettsäuren. Fett versteckt sich vorzugsweise in Wurst, Käse, Butter, Schmalz, Saucen, Sahne, Kuchen, Schokolade und anderen Leckereien und soll Übergewicht, Schlaganfall, Herz-Kreislauf-Erkrankungen und Arteriosklerose fördern.

»Lesen Sie die Packungsbeilage...« – das gilt auch für die Verpackungsaufschriften von Lebensmitteln. Es ist erstaunlich, in wie vielen Fertiggerichten, Wurstwaren und Ähnlichem reichlich Fett versteckt ist.

Bevorzugen Sie daher fettarme Lebensmittel und solche, die viele ungesättigte und mehrfach ungesättigte Fettsäuren enthalten. Ideal sind gute Pflanzenöle bzw. Fisch. Sie enthalten unter anderem die essenziellen Omega-6- und Omega-3-Fettsäuren. Diese speziellen Fette sind wichtig für Nerven und Gehirn, sie sollen die Fließeigenschaft des Blutes verbessern und zudem vor Herz-Kreislauf-Erkrankungen schützen. Die besten Lieferanten für Omega-Fettsäuren sind Seefisch (am besten zweimal pro Woche auf den Speiseplan setzen), Oliven- und Rapsöl, Nüsse und Samen.

Vitamine als Stresskiller

In bestimmten Zeiten oder Situationen hat der Körper einen erhöhten Nährstoffbedarf, beispielsweise im Wachstum, in der Schwangerschaft, bei Krankheit – und bei andauerndem Stress. Doch statt zu gesunden Lebensmitteln greifen wir unter Druck schnell zu Süßem, Fettem und Genussmitteln wie Tabak oder Alkohol.

Verarbeitung und Abbau dieser belastenden Substanzen ist für unseren Organismus eine große Herausforderung. Er braucht dafür jede Menge Energie, die er uns an anderer Stelle abzapft, zum Beispiel bei der Gedächtnisleistung oder der Konzentrationsfähigkeit. Die Folge: Durch die zusätzliche Belastung mit »Zellgiften« verstärken sich die Stresssymptome, uns geht es physisch und psychisch noch schlechter. In stressigen Zeiten sollten Sie deshalb die folgenden Stoffe vermehrt zu sich nehmen:

Vitamine der B-Gruppe

Diese Vitamingruppe ist besonders gut für das Nervensystem, fördert die Konzentration und das Gedächtnis, hebt die Laune und liefert reichlich Energie. Viele B-Vitamine stecken vor allem in Leber und Bierhefe. Wer keine Leber mag, bekommt die B-Vitamine auch in Kapselform in der Apotheke – aber lassen Sie sich ausführlich von Ihrem Apotheker beraten, ob diese Präparate wirklich für Sie geeignet sind.

Tipp

Frühstücken Sie reichlich! Dann starten Sie mit mehr Energie in den Tag und sind abends nicht so ausgehungert. Wer morgens jedoch nichts runterkriegt, sollte zumindest einige Stückchen Obst essen oder einen Milch-Shake trinken.

Herausragendes B-Vitamin

Vitamin B_5, auch Pantothensäure genannt, gilt als das Anti-Stress-Vitamin schlechthin. Es verbessert die Fähigkeit zur Stressbewältigung und unterstützt die Nebennieren, die unter Belastung ständig Cortisol ausschütten. Das Vitamin steckt unter anderem in Pilzen, Vollkornprodukten und Avocados. Diese leckere Frucht liefert zusätzlich reichlich die Vitamine A,C und E, die als so genannte Antioxidanzien helfen, die schädlichen freien Radikale im Organismus zu bekämpfen.

Wer sich nach der »5-am-Tag«-Regel ernährt, ist auf jeden Fall ausreichend mit den wichtigen Anti-Stress-Vitaminen versorgt und braucht nicht auf Vitaminpräparate zurückzugreifen.

Vitamin C

Ascorbinsäure oder Vitamin C stärkt ebenfalls die Nebennieren, bekämpft als Antioxidans freie Radikale und fördert die Leistungsfähigkeit des Immunsystems. Beste Lieferanten sind Schwarze Johannisbeeren, alle Zitrusfrüchte, Kiwis, Paprikaschoten, Mangos und Papayas.

Eisen

Dieses Spurenelement transportiert Sauerstoff zum Gehirn. Es kommt reichlich in Vollkornprodukten, Eiern und Fleisch vor.

Magnesium und Kalzium

Beide Mineralstoffe sind gut für die Nerven, mindern Reizbarkeit, Schlaflosigkeit und innere Unruhe. Grünblättriges Gemüse enthält jede Menge dieser natürlichen Beruhigungsmittel.

Powerdrinks und -snacks fürs Büro

Für den kleinen Hunger gibt es erheblich Besseres als Pralinen, Kuchen, Energieriegel oder Chips. Gute Alternativen sind frisches Obst, knackiges Gemüse, Nüsse und fettarme Milchprodukte wie Dickmilch, Molke oder Kefir. Hier einige wohlschmeckende und besondere Leckereien für zwischendurch, die Sie ins Büro mitnehmen oder dort zubereiten können.

Möhren-Orangen-Molke

***Zutaten für 1 Portion:** Saft von 1/2 ausgepressten Orange, 100 ml Möhrensaft aus der Flasche, 100 ml Molke*
Alle Zutaten miteinander verrühren und frisch trinken.

Ingwer-Johannisbeer-Cocktail

***Zutaten für 1 Portion:** 70 g Schwarze Johannisbeeren (frisch oder leicht angetaut als Tiefkühlkost), 10 g geriebener Ingwer, 150 ml Buttermilch*
Johannisbeeren pürieren, mit Ingwer und Buttermilch verrühren und sofort trinken.

Nutzen Sie gerade unter Stress Ihre Mahlzeiten als Auszeit. Genießen Sie gesunde Kost in entspannter Atmosphäre. Meiden Sie Fastfood.

Papaya-Soja-Drink

***Zutaten für 1 Portion:** 1/4 Papaya, 1/2 Banane, 75 ml fettarmer Joghurt, 75 ml Sojamilch*
Papaya entkernen, mit einem Löffel das Fruchtfleisch herausholen und in einen Mixer geben. Geschälte Banane und den Joghurt dazugeben, alles etwa 1 Minute schaumig rühren. Sojamilch hinzufügen und noch einmal kurz durchmixen. In ein hohes Glas füllen und sofort trinken.

Anti-Stress-Bällchen

Diese indische Delikatesse lässt sich gut auf Vorrat zubereiten. Bei akutem Stress 1 Kugel mit Genuss vernaschen.
***Zutaten für ca. 25 Bällchen:** 2 EL Ghee (geklärte Butter), 100 g Kokosflocken, 100 g gemahlene Mandeln, 50 g Rosinen oder Sultaninen, 25 g Pinienkerne, 1 EL Dinkelgrieß, 2 EL Kirchererbsenmehl, 50 g fein geriebener Palmzucker, 1 Prise Muskatnuss, 50 ml süße Sahne, einige Tropfen Rosenwasser (die exotischen Zutaten erhalten Sie im Asialaden oder Ayurveda-Handel)*
Das Ghee in einem Topf erwärmen, alle Zutaten außer Sahne und Rosenwasser hinzufügen, bei niedriger Hitze 10 Minuten köcheln lassen und dabei ständig rühren. Sahne und Rosenwasser dazugeben und

weitere 10 Minuten erwärmen. Anschließend etwas abkühlen lassen und aus der Masse mit angefeuchteten Händen etwa 25 walnussgroße Kugeln formen.

Gemüse-Sticks mit Dip

Zutaten für 1 Portion: 2 EL fettreduzierten Frischkäse mit Kräutern, 2 EL Wasser, 1 TL Zitronensaft, 5 Tropfen Tabasco, 1 TL gehackter Dill, Pfeffer, 1 Stange Staudensellerie, 1 Stück Salatgurke, 1 kleine Möhre, 6 Radieschen

Frischkäse, Wasser, Zitronensaft, Tabasco und Dill verrühren, mit Pfeffer abschmecken. Gemüse waschen, putzen und in Streifen schneiden. In den Frischkäse gedippt genießen.

Für die Gemüse-Sticks können Sie natürlich auch andere Gemüsesorten verwenden – ganz nach Ihren Geschmacksvorlieben.

Schokolade – besser als ihr Ruf

▶ Wer kennt das nicht: Je mehr die Arbeit im Chaos zu versinken droht, desto stärker wird der Wunsch nach einem großen Stück Schokolade! Registrieren Sie dieses Verlangen als einen Hilfeschrei von Körper und Geist nach Erholung – nach der Süße des Lebens. Schokolade naschen ist somit eigentlich nur eine Ersatzbefriedigung.

▶ Manchmal wollen wir der Versuchung aber einfach nicht widerstehen. Vollmilchschokolade oder Schokoriegel enthalten aber leider jede Menge Zucker und Fett. Greifen Sie deshalb bei Heißhunger auf Süßes lieber zur Variante in bitter (mindestens 70 Prozent Kakaoanteil).

▶ Bitterschokolade ist mit weniger Zucker und Fett, dafür aber mit mehr Kakao hergestellt als andere Schokoladensorten.

▶ Kakao wiederum enthält eine Vielzahl an gesunden Stoffen, wie zum Beispiel Theobromin, das die Blutgefäße erweitert, den Wachmacher Koffein, Polyphenolen-Gerbstoffe gegen freie Radikale und Kakaobutter. Sie soll den Cholesterinspiegel senken und das Thromboserisiko verringern.

Ganz **wichtig**: richtig **trinken**

Wasser ist ein ideales Entschlackungs- und Entgiftungsmittel. Es unterstützt den Organismus bei seiner Arbeit, die im Stoffwechsel anfallenden Gifte und Schlacken aus dem Körper zu leiten.

Unser Körper besteht zu etwa 70 Prozent aus Wasser und braucht mindestens zwei Liter Flüssigkeit pro Tag, um alle aufgenommenen Nährstoffe in die Zellen zu transportieren und anfallende Abfallstoffe auszuleiten. Trotzdem trinken die meisten Menschen zu wenig, denn Durst entsteht erst bei akutem Flüssigkeitsmangel. Erste Anzeichen sind Konzentrationsmangel, Müdigkeit und Kopfschmerzen.

Gewöhnen Sie sich daher an, über den ganzen Tag verteilt regelmäßig Ihr Wasserdepot aufzufüllen. Bevorzugen Sie stilles Wasser. Kohlensäure bläht den Bauch auf und erzeugt ein Völlegefühl. Wer viel frisches Obst und Gemüse isst, braucht nur einen Liter Wasser extra.

Trinktraining

Zwei Liter am Tag – das schaffen Sie nie? Es soll ja nicht alles auf einmal getrunken werden, sondern über den ganzen Tag verteilt. Dazu reichen 8 Gläser mit je 1/4 Liter Flüssigkeit. Optimal ist folgende Aufteilung:

- morgens innerhalb von 30 Minuten 2 Gläser vor dem Frühstück
- mittags 2 Gläser vor und 1 Glas nach dem Essen
- nachmittags zwischen 13 und 18 Uhr 2 Gläser
- abends vor dem Schlafengehen 1 Glas

Alternativen zum Wasser

Inzwischen gibt es auch Wasser mit Geschmack, so genannte Near Water Drinks mit verschiedenen Wellness-Zusätzen wie Aloe vera, Ginseng oder Ginkgo. Meistens sind die Zusätze zu gering dosiert, um spürbar zu wirken, bringen aber Abwechslung ins Glas. Das hilft, die

Kaffee – ja oder nein?

▶ Lange wurde behauptet, dass zu viel Kaffee schädlich sei, weil er dem Körper Wasser entziehe. Diese Aussage hat sich inzwischen als moderner Mythos entpuppt.

▶ Das in vielen Cafés zusätzlich mitgelieferte Glas Wasser soll speziell bei Espresso lediglich den bitteren Nachgeschmack vertreiben.

▶ Auch Bluthochdruck und Herz-Kreislauf-Störungen gehen angeblich nicht auf das Konto des beliebten Heißgetränks.

▶ Die Vorteile des Kaffees: Das darin enthaltene Koffein macht schnell wach, regt die Ausschüttung des Gute-Laune-Hormons Serotonin im Gehirn an, hilft in Verbindung mit Zitronensaft gegen Kopfschmerzen und soll sogar die Fettverbrennung aktivieren.

▶ Also Entwarnung auf allen Ebenen? Nicht ganz. Gegen einen guten Kaffee am Morgen oder am Nachmittag, mit Genuss getrunken, ist nichts einzuwenden. Doch wenn der Organismus unter zu viel Stress leidet, greift der Muntermacher Magen, Nerven und Nebennieren an. Und das sind gerade die Bereiche im Körper, die in einer Krise besonders geschont werden sollten. Greifen Sie in diesem Fall daher öfter zu sanften Alternativen.

Damit grüner Tee eine beruhigende Wirkung hat, den 1. Aufguss nach 1 Minute Ziehzeit wegschütten und die Teeblätter erneut aufgießen und 3 Minuten ziehen lassen.

empfohlene Trinkmenge leichter zu erreichen. Wichtig: Studieren Sie das Etikett auf der Flasche und achten Sie darauf, dass das Getränk nicht zu viel Zucker enthält. Wem selbst diese Wässer auf die Dauer zu langweilig sind, greift zu den folgenden Getränken:

Grüner Tee

Der grüne Tee aus China stammt von der gleichen Pflanze wie der schwarze. Nur werden die Blätter beim grünen Tee nicht fermentiert. Ihm wird nachgesagt, dass er das Krebsrisiko mindern kann. Ob das stimmt, ist immer noch umstritten. Doch eines ist gewiss: Grüner Tee greift den Organismus nicht so stark an wie schwarzer Tee oder Kaffee. Tee enthält zwar auch Koffein (hier Tein genannt), es wird jedoch vom Körper langsamer aufgenommen. Dafür wirkt es über einen längeren Zeitraum. Außerdem enthält Grüntee zahlreiche Vitamine und Mineralien, die die Abwehr stärken und vorzeitiger Alterung vorbeugen.

Zubereitung: Teewasser aufkochen und 5 Minuten abkühlen lassen. Die optimale Temperatur beträgt etwa 70 °C. Pro Tasse 1 gestrichenen Teelöffel Grüntee (ab 5 Tassen 1 Teelöffel zusätzlich) mit dem Wasser aufgießen. 2 bis 3 Minuten ziehen lassen, abseihen. Dieselben Teeblätter können Sie noch 1- bis 2-mal aufgießen, die Ziehzeit verkürzt sich dabei auf 1 bis 2 Minuten.

Matetee

Das Nationalgetränk Südamerikas wird aus den Blättern eines Stechpalmengewächses hergestellt. Es enthält viele Vitamine, Mineralstoffe und Spurenelemente, aber deutlich weniger Koffein als Kaffee und Tee. Die indianischen Ureinwohner setzten den Tee gegen Hunger, Durst und Erschöpfung ein. So konnten sie tagelang ohne Nahrung auskommen und trotzdem körperlich schwere Arbeit leisten. Matetee ist somit ein sehr bekömmlicher Energiespender. Sein herber, leicht rauchiger Geschmack ist allerdings nicht jedermanns Sache.

Zubereitung: Die Blätter (3 Teelöffel Mate auf 1 Liter Wasser) mit nicht mehr kochendem Wasser (ca. 80 °C) überbrühen und ca. 5 Minuten lang zugedeckt ziehen lassen.

Gewürztees

Die Aufgüsse der Gewürztees enthalten meist keine Teeblätter, sondern eine Mischung aus getrockneten Kräutern, Blüten, Blättern oder Wurzeln und variieren daher sehr in Geschmack und Wirkung.

Tipp

Für Tee-Experten ein Graus, aber sehr praktisch fürs Büro: Teebeutel. Besser ist es jedoch, wenn Sie Ihren Tee in Ruhe zu Hause zubereiten, ihn in eine Thermoskanne füllen und so mit zur Arbeit nehmen.

Besonders beruhigend und kräftigend wirken Inhaltsstoffe wie beispielsweise Süßholz, Ginseng und Ingwer. Am bekanntesten und zum Beispiel in Naturkostläden, Reformhäusern und Drogerien erhältlich sind die so genannten Yogi-Tees.

Zubereitung: 2 Teebeutel mit 1 Liter aufgekochtem Wasser überbrühen, einige Minuten ziehen lassen, eventuell mit Milch verfeinern.

Ayurvedisch veredeltes Wasser

Indische Heiler raten, Wasser nur abgekocht zu trinken. Das tötet zum einen mögliche Keime ab, was gerade in Indien sehr wichtig ist. Zum anderen verbessert es aber auch die Qualität des Wassers. Es wird weicher, süßlicher im Geschmack und soll innerlich besser reinigen.

Trinken zum Essen verdünnt die Verdauungssäfte. Nehmen Sie daher am besten spätestens 15 Minuten vor und frühestens 15 Minuten nach den Mahlzeiten Flüssigkeit auf.

▶ Das 1. Glas morgens auf nüchternen Magen getrunken, regt die Verdauung an. Wer mag, kann noch 1/2 Teelöffel Zitronensaft und etwas Honig dazugeben. Das verstärkt den Effekt und macht munter.

▶ Etwas klein geriebener und mitgekochter Ingwer wirkt dagegen anregend und entgiftend.

Zubereitung: Bis zu 1 Liter Wasser in einem Topf 10 bis 15 Minuten lang sprudelnd kochen, eventuell ein 4 Zentimeter langes Stück gehackte Ingwerwurzel dazugeben. Abgekochtes Wasser in eine Thermoskanne füllen. Davon bis zum späten Nachmittag etwa alle 30 Minuten einige Schlucke trinken.

Frucht- und Gemüsesäfte

Achten Sie bei Säften auf die Qualität. Frisch gepresst sind sie natürlich am wirkungsvollsten. Abgefüllt sollten sie keinen zusätzlichen Zucker enthalten. Ihnen sind Apfelsaft oder Orangensaft auf Dauer zu langweilig? Dann mixen Sie verschiedene Sorten, zum Beispiel Orangen- und Karottensaft oder Pfirsich- und Bananensaft. Erfrischender und nicht so konzentriert schmecken Saftschorlen. Dazu 1 Teil Saft mit 2 Teilen Wasser mischen. Oder probieren Sie Gemüsesäfte aus.

Adressen

- Deutsche Gesellschaft für Ayurveda e.V., Am Robert Kampe Sprudel, 56130 Bad Ems, www.ayurveda.de
- Europäischer Verband für Kinesiologie e.V., Cunostraße 50–52, 60388 Frankfurt-Bergen, www.kinesiologieverband.de
- Gesellschaft für Shiatsu in Deutschland, Beerenweg 1d, 22761 Hamburg, www.shiatsu-gsd.de
- Arbeitsgemeinschaft für Klassische Akupunktur und Traditionelle Chinesische Medizin e.V., Wisbacherstraße 1, 83435 Bad Reichenhall, www.agtcm.de
- Berufsverband für Feng Shui und Geomantie e.V., Friedenstraße 20, 97072 Würzburg, www.fengshui-verband.de

Buchtipps

Burgerstein, Lothar: Handbuch Nährstoffe. Haug
Christiansen, Andrea: Blitz-Yoga. Urania
Grabbe, Dieter: Stretching. Südwest
Hellmiß, Margot: Ayurveda für zu Hause. Urania
Rahn-Huber, Ulla: Beauty-Wellness-Food. Urania
Schwarz, Aljoscha: Loslassen und leben. Urania
Schweppe, Ronald: Meine kleine Pause. Urania

Die im Buch veröffentlichten Ratschläge wurden von der Verfasserin sorgfältig erarbeitet und geprüft. Eine Garantie kann dennoch nicht übernommen werden, ebenso ist eine Haftung der Verfasserin bzw. des Verlages und seiner Beauftragten für Personen-, Sach- und Vermögensschäden ausgeschlossen.

Bibliografische Information der Deutschen Bibliothek
Die Deutsche Bibliothek verzeichnet diese Publikation in der Deutschen Nationalbibliografie; detaillierte bibliografische Daten sind im Internet über http://dnb.ddb.de abrufbar.

Bildnachweis
Alle Bilder stammen von Susanne Kracke, München,
mit Ausnahme von:
Castelli & Steinberger, München: 67;
Dominik Parzinger, München: 15, 53

Urania Verlag
in der
Verlagsgruppe Dornier GmbH
Postfach 80 06 69, 70506 Stuttgart

www.urania-verlag.de
www.verlagsgruppe-dornier.de

Lektorat: Dr. med. Christiane Lentz
Bildredaktion: Gabriele Feld
Umschlaggestaltung: Behrend & Buchholz, Hamburg
Umschlagbild: © getty images/Sigrid Olsson
Layout: Dr. Alex Klubertanz
Realisation: Medienprojekte München
Druck: Westermann Druck Zwickau
Printed in Germany

ISBN 3-332-01718-7
ISBN 978-3-332-01718-2